CÓMO LEER LOS
REGISTROS AKÁSICOS

LINDA HOWE

CÓMO LEER LOS
REGISTROS AKÁSICOS

DESCUBRE LA MEMORIA
DE TU ALMA

EDICIONES OBELISCO

Si este libro le ha interesado y desea que le mantengamos informado
de nuestras publicaciones, escríbanos indicándonos qué temas son de su interés
(Astrología, Autoayuda, Ciencias Ocultas, Artes Marciales, Naturismo,
Espiritualidad, Tradición...) y gustosamente le complaceremos.

Puede consultar nuestro catálogo de libros en www.edicionesobelisco.com

*Los editores no han comprobado ni la eficacia ni el resultado de las recetas,
productos, fórmulas técnicas, ejercicios o similares contenidos en este libro.
No asumen, por lo tanto, responsabilidad alguna en cuanto a su utilización
ni realizan asesoramiento al respecto.*

Colección Nueva Conciencia
Cómo leer los registros akásicos
Linda Howe

1.ª edición: enero 2011

Título original: *Akashic Records*

Traducción: *Toni Cutanda*
Maquetación: *Olga Llop*
Diseño de cubierta: *Enrique Iborra*

© 2009, Linda Howe
Originalmente publicado por Sounds True USA (www.soundstrue.com)
Edición española publicada por acuerdo con Bookbank Ag. Lit., Madrid.
(Reservados todos los derechos)
© 2011, Ediciones Obelisco, S.L.
(Reservados los derechos para la presente edición)

Edita: Ediciones Obelisco S. L.
Pere IV, 78 (Edif. Pedro IV) 3.ª, planta 5.ª puerta
08005 Barcelona - España
Tel. 93 309 85 25 - Fax 93 309 85 23
E-mail: info@edicionesobelisco.com

Paracas, 59 C1275AFA Buenos Aires - Argentina
Tel. (541-14) 305 06 33 - Fax: (541-14) 304 78 20

ISBN: 978-84-9777-714-8
Depósito Legal: 707-2011

Printed in Spain

Impreso en España en los talleres gráficos de Romanyà/Valls S.A.
Verdaguer, 1 - 08786 Capellades (Barcelona)

Este libro está dedicado
a Jack y a Dottie Howe,
padre y madre perfectos.
Os quiero.

Prefacio

✦

CÓMO ENCONTRÉ
LOS REGISTROS AKÁSICOS

Yo no tuve una experiencia cercana a la muerte. Más bien fue como si hubiera estado rondando espiritualmente a la muerte durante varios años. La situación era ciertamente dura, y no podía comprender por qué. Lo había hecho todo bien: había sido una buena chica, había ido a la universidad, me había esforzado con los estudios y había sacado buenas notas. Tenía un buen empleo y un bonito apartamento. Disfrutaba de lo que parecía una buena vida; pensaba que tenía todo lo que quería... pero me sentía desdichada. Con esfuerzo había logrado todo cuanto me había planteado hacer, pero todas mis consecuciones no habían conseguido acallar el grito que reverberaba desde uno de los cañones de mi alma.

Hiciera lo que hiciera, nunca podría ser «lo suficientemente buena»; mis esfuerzos no servían de nada. En ocasiones, simplemente me rendía y me permitía ser tan «mala» como podía tolerar, cualquier cosa para conseguir una sensación de que todo estaba bien, una sensación de seguridad o de relajación. Pero tampoco funcionaba.

Por último, ya desesperada, recé: «Dios, si estás ahí, tienes que ayudarme. No lo aguanto más. Ayúdame, por favor».

Al cabo de seis semanas de aquella oración urgente, ocurrió algo. Yo estaba echada en la cama, apiadándome de mí misma y contemplando las hojas de un árbol que había crecido hasta alcanzar la ventana de mi habitación, en un tercer piso. Una vez más, le pedí ayuda a Dios: «Dime, ¿cómo puede ser que mi vida parezca tan buena y, sin embargo, sea tan desdichada?».

Y, entonces, todo se detuvo. Todo el ruido que había en mi interior se silenció, y una sensación de alivio y de calma ocupó su lugar. Cuando miré al árbol, tuve la certeza de que estábamos conectados; podía sentir al árbol. Con veintitrés años y habiendo crecido en una ciudad, no había pasado casi tiempo en la naturaleza, y me quedé atónita con la experiencia. Durante unos instantes, sentí con toda claridad que era una con el árbol y con todo cuanto pudiera ver o no. La idea era inmensa y, sin embargo, confortadora al mismo tiempo. Tuve la certeza de que mi vida no había sido el resultado de un golpe de suerte, y se me hizo plenamente evidente que había un Dios. Pero lo más importante fue tomar conciencia de que yo le gustaba a ese Dios. Lo de «Dios es *amor*» no había sido nunca un problema para mí; siempre había sabido que Dios me amaba. Pero nunca había estado segura de que yo pudiera *gustarle*. En aquel milagroso momento, todos mis miedos se calmaron, y todas mis preguntas quedaron respondidas. La sensación de que Dios me conocía plenamente y de que me amaba absolutamente (¡y de que yo le gustaba!) era inequívoca. La experiencia fue tan potente y tan profunda, y la realidad de lo que viví tan abrumadora, que aún no me he acostumbrado a ella... casi treinta años después.

◆

Habiendo sido educada en el catolicismo y habiendo crecido en el Medio Oeste, la idea de Dios que se me había transmitido era la de ese «anciano con barba en el cielo», y la mera sensación de estar conectada con el árbol apartó de mí esa idea para siempre. El Dios que yo había encontrado en aquel momento iba bastante más allá de mi antigua idea.

Mi nueva y expandida versión de Dios era más la de un campo de fuerza que la de una persona. Este campo de fuerza parecía contener numerosas cualidades diferentes que convergieron en un solo punto en aquel momento: un poder pleno de energía y positividad combinado con una exquisita sensibilidad y con una bondad y una compasión cargadas de ternura. Había una sensación paradójica de orden sin constricción alguna: un encuentro ordenado de una alegría exuberante, una profunda serenidad, una conciencia precisa y una sensación de reverencia por el momento; y una inclusión abierta y expansiva de todo cuanto existe, todo cuanto haya existido y todo cuanto vaya a existir... todo ello simultáneamente.

¡*Aquél* era un Dios que valía la pena conocer! Durante algún tiempo pensé que debería de haber una palabra mejor y más moderna para describir aquel poder y aquella presencia. Pero al final decidí que la palabra

Dios era la mejor para mí, porque tiene en cuenta la naturaleza misteriosa e incognoscible de este campo de fuerza.

Desde aquel episodio con el árbol, he tenido la suerte de vivir muchos momentos de conciencia acrecentada. Pero aquella primera experiencia consciente de la presencia de Dios fue la más fascinante y transformadora. En un abrir y cerrar de ojos, todo cambió (*yo* cambié), y sin embargo todo seguía siendo lo mismo. Simplemente sabía que, fuera cual fuera la experiencia que había tenido, yo quería más de eso. Quería vivir toda mi vida desde aquel lugar del ser así conocido, así visto, así amado y así gustado. Allí comenzó mi búsqueda.

La religión convencional

Despegué en mi sendero espiritual con pasión y entusiasmo. Intentaba capturar aquella experiencia inicial para hacer que durara, que se prolongara, que se duplicara. El deseo que tenía de volver a experimentar aquella sensación de Luz, poder y presencia me llevó a bastantes sitios. En primer lugar, fui a iglesias y templos: todo un surtido de ellos, desde iglesias católicas carismáticas, donde rezar en lenguas es la norma, hasta templos budistas, donde la gente practica la meditación y el desapego. En un breve período de tiempo, me di cuenta de que todas las religiones eran y son fundamentalmente buenas; y, hasta el día de hoy, sigo participando en actividades religiosas cuando me siento inclinada a ello. Pero la experiencia de revelación que yo había tenido no estaba allí, ni se buscaba tampoco. En lugar de ello, me encontré con montones de reglas y normativas, y con una buena dosis de presión para que las siguiera. Los hombres eran los que llevaban la voz cantante, y las mujeres servían refrescos: aquello no era para mí, la política me estorbaba. En aquella época, yo estaba forcejeando por aceptar mi propia identidad sexual, y tenía miedo de que las autoridades religiosas sospecharan algo y me apartaran. Se me hizo muy claro: la religión tradicional no era el sendero que me iba a permitir experimentar de la manera más profunda la presencia de Dios, tal como yo la había experimentado.

Después de mi despertar espiritual, me sentía tan llena de la gracia de Dios que no me costó nada desprenderme de los hábitos, pensamientos y comportamientos que habían estado impidiéndome el desarrollo espiritual. Al mismo tiempo, se me había dado la energía que necesitaba para desarrollar nuevos patrones de vida. Mi gusto por las fiestas se desvaneció con un esfuerzo relativamente pequeño por mi parte. Lo había intentado con anterioridad, pero siempre había estado más allá de mis capacidades. Sin embargo, habiendo sido alcanzada de esta manera, pude moverme sin esfuerzo en una dirección diferente. Cualquiera que haya experimentado este tipo de sanación sabe cuán misteriosa y milagrosa es. No existe esfuerzo humano que se le pueda comparar.

Durante un tiempo, quizás unos seis meses después de que la Luz se abriera en mi interior, mi conciencia se mantuvo muy abierta. Era como si hubiera entrado en una nueva dimensión de vida; y, de hecho, eso era lo que había ocurrido. Allá adonde iba algo me «impactaba» con la certeza interior de que todo cuanto veía era Dios, una expresión de Dios, y que yo era una con eso. Si estaba en la cola de la tienda de comestibles, me estremecía al darme cuenta de que todas las personas que había allí eran uno. Bajando con mi automóvil por la hermosa avenida de Lake Shore Drive, en Chicago, me resultaba fácil aceptar que todo cuanto me encontraba era Dios, y que yo era parte de ello. Incluso al pasar por el barrio de Cabrini Green sentía aquel impulso de conciencia que me decía que también aquello era el rostro de Dios, y que yo estaba asimismo vinculada también a aquello.[1] Me sentía un poco tonta, pero aquello era mucho mejor que la sensación de atasco y de desdicha con la que había estado viviendo anteriormente.

Mi madre fue una bendición del cielo en aquella época. Mi madre tiene una fuerte conciencia mística, y no le tiene miedo a la realidad espiritual. Católica progresista, es una mujer que siempre ha ido muy por delante de su tiempo, y me apoyó desde su punto de vista, ofreciéndome directrices y conocimientos acerca de la misa, del misterio de la Trinidad y de las Escrituras. Nunca flaqueó en su apoyo, y por ello le estaré eternamente agradecida. Pero, aun con todo, su enfoque radical de un sendero tradicional no era para mí.

1. Cabrini Green es un barrio de viviendas protegidas de Chicago que se ha hecho famoso por la violencia de bandas y por las difíciles condiciones de vida de sus residentes. (N. del T.)

Explorando nuevas vías

Después de explorar la religión, me moví en la dirección de los seminarios de autoayuda. Asistí a montones de ellos, ¡y me encantaban! Cada uno me aportaba algo que yo necesitaba: a veces comprensión, a veces personas, a veces estructura y organización. Fuera donde fuera, siempre salía con algo que apoyaba mi crecimiento. Algunos de los talleres fueron positivos, validaban y me hacían sentirme bien. Otros fueron más duros, perturbadores y horriblemente incómodos. Todos ellos contribuyeron de un modo u otro a expandir mi conciencia. Pero lo que le faltaba a este sendero era, no obstante, el reconocimiento de la dimensión espiritual de la vida.

De modo que proseguí con mi búsqueda, acompañada por innumerables amigos y camaradas. Pasé por todo tipo de terapia y de trabajo corporal, y solicité todo tipo de lecturas; mi generación ha hecho celebridades de los videntes espirituales, de modo que estuve cara a cara con numerosos adivinos. Y, como en la mayoría de las vías que exploraba, mis experiencias fueron en general maravillosas.

Cuando tenía veintiocho años, fui con una amiga a una feria de Renaissance, donde una echadora de cartas de tarot me hizo una lectura que terminaría convirtiéndose en un acontecimiento muy importante para mí, no por los detalles de lo que la mujer me dijo, sino por cómo *me sentía* cuando ella terminó. Hubo un momento en que dejé que la verdad de sus palabras se sumergiera en mi interior, y entonces sentí una asombrosa sensación de liberación personal. ¡Cuánto me hubiera gustado poder ofrecer aquella misma sensación a todo el mundo!

Me fui de la feria con la idea de ganarme la vida como echadora de cartas de tarot; pero con el paso de los días empecé a pensar que aquello era ridículo. Los echadores de cartas de tarot, y en general todas las personas relacionadas con la adivinación espiritual, parecen personas muy extrañas, dan la impresión de estar demasiado separadas de la vida convencional, casi como inadaptadas; y me dio miedo pensar que, si me dedicaba a esas «lecturas», yo también pudiera pasar a pertenecer a esa subcultura. Aún no me había reconciliado en mi interior con la idea de que se podía ser una persona normal, dentro del mundo, y, al mismo tiempo, dedicarse a echar cartas de tarot. No, en aquella época, era una situación de «o esto o lo otro», o vivía en el mundo real o me quedaba en los suburbios de éste.

Pero más o menos un año más tarde, otra amiga me sugirió solicitar una lectura a una mujer de Texas que trabajaba con los Registros Akásicos... fuera lo que fuera aquello. Se trataba de una mujer muy popular, de modo que pedí cita por teléfono previamente. Ella me comentó que podría decirme el propósito de mi alma, y yo sin duda quería saber qué era aquello. En aquella época, mi situación económica y mi vida laboral eran tan problemáticas que no podía encontrar ni siquiera un sitio donde aterrizar. Todos los empleos que había tenido durante aquel período me habían ofrecido algo que yo necesitaba, pero en general había resultado insatisfactorios. Estaba ciertamente desconcertada.

Llamé a la hora previamente acordada, y la mujer se lanzó a la lectura. Sus modales eran acogedores pero, entre su marcado acento y las nuevas ideas que me iba presentando, yo no estaba muy segura de lo que me estaba diciendo. Lo que *sí sabía* era que volvía a tener aquella sensación clara y diferenciada de ser conocida y amada. El resto de la lectura carecía de importancia, y me pasó por la cabeza el pensamiento de que me encantaría hacer lo que ella estaba haciendo.

La vida siguió avanzando. Para cuando cumplí los treinta años, yo había resuelto muchos de mis problemas personales. Gracias al amor infinito y a la fuerza de Dios, me había liberado de un terrible trastorno de la alimentación y había conocido a una persona maravillosa, con la que sigo compartiendo mi viaje actualmente. Cuando Lisa y yo nos conocimos, ella me enseñó a leer las cartas de tarot. Nos pasábamos horas y horas echándonos las cartas. Un amigo suyo, Steven, le había enseñado el modo de descifrar el tarot, y ella simplemente me lo enseñó a mí. Nos lanzamos a la marea y, durante un par de años, no perdía ocasión de leer las cartas siempre que podía. Mientras estaba lejos de casa, en la escuela de graduados de la Universidad de Illinois, me pasaba el tiempo desarrollando mis habilidades, haciendo lecturas para los enloquecidos estudiantes graduados.

Luego, volví a Chicago y me puse a trabajar en una compañía aseguradora durante el día, para luego hacer lecturas de cartas a otras personas siempre que se me presentaba la ocasión. Detestaba mi trabajo. Intenté que me gustara. Intenté que funcionara. Lo intenté una y otra vez... pero fue en vano. Tuve que dejar aquel empleo. Me dije a mí misma que, si lo dejaba, podría obtener las titulaciones de lengua rusa que se me exigían para mi graduación en Historia de Rusia. Estaba demasiado aterrorizada como para reconocer que dejaba aquel empleo con la intención de convertirme en echadora de cartas de tarot, de modo que me llené de valor con esta justificación socialmente aceptable de por qué dejaba un empleo magnífico, y di la noticia a las personas más cercanas. Pero intentar aprender ruso, ya por enésima vez en mi vida, era sin duda algo doloroso, tan intolerable como mi empleo en la compañía aseguradora. Después de buscar en mi alma una y otra vez, después de algunos lamentos y rechinar de dientes, me bajé de mi personal cruz casera y dejé lo del ruso. Durante tres segundos sentí un bendito alivio, pasados los cuales llegó el terror. Había llegado el momento de la verdad: me admití a mí misma que quería hacer lecturas de tarot... para ganarme la vida. Quería ser una echadora de cartas de tarot profesional.

Para llevar a cabo mi sueño, limpiaba casas durante el día y leía las cartas de tarot en los cafés por las noches. ¡Era tan divertido! Al cabo de un tiempo me monté una consulta en mi casa, y el negocio comenzó a crecer. Más tarde, comencé a darme cuenta de que un extraño patrón se repetía en mis consultas. Las personas que venían a verme eran, por regla general, personas brillantes y perspicaces. Estas personas venían a que yo les hiciera una lectura, mirábamos juntas las cartas y «veíamos» todo tipo de cosas que podrían ayudarles a obtener una mayor claridad y a resolver distintos asuntos en su vida. Luego, nos felicitábamos mutuamente mientras yo las acompañaba a la puerta y, más tarde, entre seis y ocho meses después, regresaban quejándose exactamente de los mismos problemas.

Perdón, debo hacer una corrección: *algunas* personas regresaban con los mismos problemas. Había dos grupos claramente diferenciados. Las personas de uno de los grupos sólo necesitaban comprender un poco las cosas para resolver sus dificultades o para superar sus limitaciones. Para estas personas, el problema era cierta falta de conocimiento, de modo que el conocimiento resolvía *siempre* sus problemas. Pero para las personas del otro grupo había algo más en la raíz del problema. Para ellas, el conocimiento no necesariamente se traducía en poder; y, sin el poder que parecían necesitar, las personas de este grupo parecían seguir atascadas. Resultaba doloroso que estas lecturas no parecieran «prender», y aquello me hacía sentir muy mal.

Mis oraciones se llegaron a hacer desesperadas: «Dios, tiene que haber una forma en que las personas puedan acceder al poder que necesitan para resolver sus problemas. Evidentemente, el conocimiento no es suficiente. Es algo magnífico hasta donde alcanza, pero hay veces en que no llega hasta el fondo. ¡Socorro! ... y P. D. ... la solución no puede hallarse en ningún tipo de dogma ni institución porque, como grupo, las personas que vienen a mí no les gusta todo eso».

Para entonces, ya me había acostumbrado a recibir respuestas de Dios ante las oraciones realizadas desde el corazón, y sabía que la respuesta llegaría en el momento oportuno. No tenía ni idea de cuál sería la respuesta, pero estaba abierta a cualquier solución de verdad.

Un viaje chamánico

No mucho después de aquella oración, una amiga me invitó a un círculo chamánico de tambores. A mí no me apetecía ir; la idea de sentarme descalza en un círculo con un puñado de personas ataviadas con esas camisetas que llevan pintados animales de poder se me antojaba espantosa, para nada una experiencia de poder. Sin embargo, mi amiga estaba entusiasmada con aquello, de modo que finalmente cedí. Imagine: ahí estaba yo, leyendo cartas de tarot para ganarme la vida y, al mismo tiempo, temiendo que el círculo chamánico de tambores me pareciera demasiado raro. ¡No tuve más remedio que reírme de mí misma!

La mujer que dirigía la reunión se llamaba Pat Butti. Ella tenía el grupo más estable y con más largo recorrido de toda la zona, de modo que me pareció lo suficientemente seguro. Era una mujer grande, lo último que esperaba, con el cabello a mechas, un perro de peluche y una alfombra en el suelo. El ambiente rebosaba de bienvenidas. Pat explicó brevemente el viaje en el que nos íbamos a embarcar. Todo aquello me sonó un poco melodramático, y supuse que a mí no me iba a ocurrir nada de lo que decía, pero decidí dar un voto de confianza y participar honestamente con lo mejor de mí misma.

Con los primeros golpes de tambor me fui... me fui a otra dimensión, una dimensión tan real para mí como la ropa que llevaba puesta. Lo sentí, sentí el poder para efectuar el cambio; sin dogmas, sin instituciones; fuerza vital pura. «De acuerdo, Dios —pensé cuando emergí del trance—, ¿y ahora qué?»

Pocas semanas después, estaba yendo a clases de chamanismo clásico en la Foundation for Shamanic Studies (Fundación de Estudios Chamánicos), donde tuve la inmensa fortuna de tener como profesora a Sandra Ingerman, la autora de *Soul Retrieval* (Recuperación anímica). Mis consultas de tarot cedieron terreno, y comencé a ofrecer sanación chamánica. Era una forma maravillosa de entregar energía y poder a las personas que lo necesitaban, de permitirles recuperar por sí mismas la fuerza vital perdida. Durante cinco años trabajé como terapeuta chamánica en sesiones individuales y en grupo. Fue maravilloso.

Quizás haya adivinado usted lo que viene después, que un sendero que me había resultado plenamente satisfactorio estaba a punto de cerrarse para abrirse otro nuevo.

Un día, mientras dirigía un círculo de viaje e invocaba las direcciones, como suele hacer quien oficia (pidiendo, esencialmente, que todas las personas presentes puedan obtener lo que necesitan), me escuché a mí misma invocando *a Dios* y pidiéndole protección y apoyo. No estaba invocando a los espíritus del este, del sur, del oeste y del norte, como era habitual, sino a Dios. Es cierto que las direcciones y los animales (así como todas las cosas naturales) son expresiones de Dios; pero, por algún motivo, sin pretenderlo, había dejado a un lado la estructura chamánica. Después de aquello, cada vez que hacía una sanación chamánica con alguien, me escuchaba a mí misma diciéndole a Dios que aquella persona era su hijo o hija, y que necesitábamos que él mismo se ocupara de la situación. Finalmente, estando de pie en otro círculo de tambores, hubo un momento en que, al mirar hacia abajo, me miré las manos y vi las señales físicas de algo que no acababa de encajar: ¡que yo era una de las chicas más blancas de la ciudad! Y pensé que haría bien en dejar el chamanismo a otras personas.

Los Registros Akásicos

Había llegado el momento de pronunciar una vez más mi oración de la desesperación. Esta vez fue algo así como: «Dios, tiene que haber una forma de acceder tanto al conocimiento como al poder, una forma que sea fácil y sencilla. Sin trastos que llevar de aquí para allá; quizás sólo una oración. Por favor, ayúdame». Y no me quedó la menor duda de que la ayuda estaba en camino.

Pocas semanas después, yo estaba en un panel de expertos ofreciendo alguna información sobre chamanismo, y había otra mujer que estaba allí para hablar de los Registros Akásicos. No estaba muy segura de lo que esa mujer estaba diciendo, era todo muy esotérico, pero había algo atrayente en ello, de modo que decidí participar en un curso de Iniciación a los Registros Akásicos de dos días de duración que ella misma impartía. En aquel curso, nos enseñó cómo abrir los Registros pronunciando una oración específica. Y cuando seguí sus indicaciones... ¡bam!, sentí un cambio claro y diferenciado. Y allí estaba otra vez aquella sensación, la sensación de ser conocida y amada. No fue tan abrumadora como la experiencia original, pero la reconocí... y sentí que, por fin, estaba en casa de nuevo.

Pero lo que me resultó más convincente de aquella nueva experiencia fue que no había sido nada sensacional. No había sido un fenómeno espectacular: nada de chácharas con voces divertidas, ni tampoco ojos que se entornaban ni todo eso. Fue sólo un sutil, sencillo y discernible cambio dentro de mí que me permitía acceder a la dimensión de conciencia que había estado buscando. Con el transcurso de los años, esta sensación de amor ha demostrado ser ciertamente fidedigna para mí. En cualquier momento en que desee entrar en este maravilloso estado, lo único que tengo que hacer es pronunciar esta oración.

Comencé a hacer lecturas akásicas para mis clientes chamánicos y, durante dos años, trabajé con ambos sistemas. Hacía lecturas para mí misma casi a diario, y practicaba las lecturas akásicas con cualquier persona que me lo permitiera. Tenía la sensación de que la Luz me había «atrapado» para llevarme en una dirección diferente. Fuera en las lecturas que me hacía para mí misma o en las lecturas que hacía para otras personas, lo cierto es que conseguía entrar en aquel estado de conciencia que tanto había estado buscando. Pero había más: todos mis años de estudio se estaban relacionando en mi interior. Yo había explorado los escritos de Joel S. Goldsmith y de Alice Bailey, entre otros; y, como consecuencia de ello, estaba mentalmente preparada para la siguiente etapa de mi viaje. Las Iglesias del Nuevo Pensamiento, la Ciencia Religiosa y Unidad, todas las puertas que yo había abierto con anterioridad, me ayudaron en gran medida también. Todo lo que había experimentado y aprendido a lo largo de la vida acudía en mi ayuda para adentrarme en esta nueva esfera. ¡Y todo lo aprendido sigue prestándome su ayuda!

En 1995, Lisa y yo nos trasladamos a la península de Olympic con nuestro hijo pequeño, Michael, con la creencia de que aquél sería nuestro hogar para el resto de nuestras vidas. Nos encantaba; estábamos rodeados de una belleza espectacular, en la pintoresca ciudad portuaria victoriana de Port Townsend. Allí, casi fuera del mapa, en una ciudad de siete mil habitantes, mi consulta creció rápidamente. Era un lugar donde la gente iba a sanarse, de modo que mi trabajo fue muy bien recibido. Pero los trastornos de la mudanza y la educación de un niño pequeño fueron demasiado estresantes para mí. Me sentía agradecida por el hecho de que se valorara mi trabajo, pero la lista de clientes estaba creciendo hasta un punto que me resultaba difícil de manejar. Tenía que ver en consulta a tantas personas cada semana que terminé sintiéndome muy estresada. Finalmente, y aunque me encantaba mi trabajo, el exceso de clientes me pasó factura, y al cabo de un tiempo empecé a tener la sensación de que me desmoronaba en mil pedazos. Había que renunciar a algo, y volví a la oración una vez más: «Dios, por favor, ayúdame. Dime qué debo hacer en esta situación».

Y entonces me llegó una revelación. Súbitamente, comprendí que muchas de las personas que venían a mí en busca de lecturas de los Registros Akásicos podían hacer aquel mismo trabajo por sí solas; no había ninguna razón obvia por la cual esas personas no pudieran aprender a leer los Registros. La solución a mi problema pasaba por enseñar a la gente a hacer aquel trabajo para sí mismos y para los demás. Si mis clientes podían aprender a acceder a sus propios Registros, podrían también ayudarse a sí mismos en el desarrollo de su propia autoridad espiritual. Podrían pasar de depender de mí a seguir sus propias directrices espirituales, con lo cual conseguirían desarrollarse y madurar. Luego, podrían buscar mi ayuda sólo en el caso de que se quedaran bloqueados o de necesitar de un apoyo externo para seguir avanzando en su viaje. Mi objetivo era, y siempre ha sido, ayudar a los demás en su búsqueda, ayudarles a encontrar su propio camino, en lugar de encontrarlo yo *para* ellos (cosa que, por otra parte, no podría hacer de ningún modo). Nunca había pretendido alimentar una dependencia innecesaria hacia mi persona, y me sentí aliviada cuando me llegó esta solución.

Creo que en la búsqueda espiritual hay distancias que tenemos que transitar solos, y nuestro reto consiste en aprender el modo de hacerlo. Después, hay otros momentos en que lo mejor es buscar el consejo de otras personas. A lo largo del camino, mediante ensayo y error, aprendemos cuándo hay que ir solos y cuándo buscar ayuda. Y aprendemos que, en última instancia, estamos aquí para ayudarnos unos a otros.

Así pues, mi oración había recibido respuesta, y disponía de una solución. Enseñar a mis clientes a leer sus propios Registros Akásicos era una manera de darles poder para que se ayudaran a sí mismos. Entonces, podría disponer de tiempo para concentrarme en aquellas personas que necesitaban de la ayuda de alguien externo y, al mismo tiempo, podría disfrutar viendo cómo mis alumnos akásicos crecían y descubrían su propia autoridad espiritual. Era perfecto, pero... habría que esperar.

La autorización para la enseñanza

Aunque mis directrices internas me estaban animando a meterme en el mundo de la enseñanza, tanto las potencias humanas como las que están más allá de lo humano aconsejaban que sería mejor esperar. ¡Y yo no soy una persona a la que le resulte fácil esperar pacientemente! Pero esperé, porque necesitaba a un maestro o maestra que me ayudara a pasar al siguiente nivel, que me ayudara a arraigar en la práctica con la suficiente solidez como para transmitirla de una forma efectiva. Durante todo un año, seguí haciendo consultas para los demás y haciendo juegos malabares con el resto de mi vida. Y fue durante aquel año cuando conocí a la maestra que necesitaba.

Yo tenía una lista de cualificaciones a las cuales debería ajustarse el maestro o maestra correcto, una lista muy específica y detallada. Quería apoyo, guía e instrucciones de alguien a quien yo admirara, respetara y de quien disfrutara. También quería a alguien con quien sentirme libre para ser sincera, y con quien sentirme lo suficientemente segura para ser vulnerable, y que, sin embargo, reconociera también mis puntos fuertes. Idealmente, esta persona tendría todo lo que yo necesitaba, y sería capaz de instruirme. Y, un día, llegó Mary Parker, y ella se convirtió en esa maestra que yo buscaba.

En cuanto conocí a Mary se me abrió un camino, y todo comenzó a encajar en su sitio con rapidez. Mary había recibido una «oración sagrada». Una de las formas en las cuales las personas conectan con los Registros Akásicos es mediante el uso de «oraciones sagradas». Estas oraciones se les dan a las personas como «códigos de acceso» que les permiten entrar, experimentar y salir de los Registros sin contratiempos. Esta tradición de la oración sagrada se basa en los patrones vibratorios de determinadas palabras y frases, que juntas establecen una cuadrícula vibratoria de luz, un puente energético hacia una región particular de los Registros Akásicos. Cada oración emite una señal en el nivel del alma que contacta y ejerce su atracción sobre las personas que resuenan con la vibración de la oración. Dado que esas personas están energéticamente relacionadas con los determinados tonos, luces y sonidos de esa oración, pueden utilizarla, si así lo desean, para conectar con los Registros. Actualmente, hay muchas personas en relación activa con los Registros Akásicos, y utilizan diversas oraciones sagradas con magníficos resultados.

Cuando Mary y yo entramos en contacto por teléfono nos reconocimos de inmediato la una a la otra. Yo lo organicé todo para que ella viniera a Port Townsend a dar una Clase de Iniciación. Al menos, suponía yo, *ella* dará la enseñanza; pero no fue así. Llegó el fin de semana, se reunieron más de treinta y cinco personas en el centro comunitario... y ella me puso a mí al frente de la clase.

Con las bendiciones de Mary Parker, recibí la autorización para enseñar los Registros Akásicos haciendo uso de su oración sagrada. La gente vino, comenzaron las clases y, a través de mis propios Registros Akásicos, se me reveló un trabajo avanzado. Esta época de mi vida no pudo ser más excitante, exigente ni fabulosa. Me encontraba con una forma de transmitir a los demás aquello que les permitiría acceder a su propia autoridad espiritual, un método fiable, sencillo y nada dramático de dar apoyo a aquellas personas que habían sido llamadas a esta Luz como sendero de desarrollo de la conciencia.

Para mí ha sido particularmente significativo el hecho de enseñarle a la gente el modo de independizarse espiritualmente y depender de Dios al mismo tiempo. Sé que hay veces en que debemos buscar consejo en otras personas. En el sendero espiritual, trabajamos con la dualidad de hacer las cosas por nosotros mismos y de dejar que otros nos ayuden. Saber *qué* hacer y *cuándo* hacerlo es una habilidad de madurez espiritual. Por otra parte, la vida se hace bastante incómoda cuando una se ve inmersa en las dudas acerca de una misma. Yo he vivido eso. Durante aquella época en que estaba confusa e intranquila, es decir, cuando me dirigía hacia un compromiso espiritual más auténtico, pero haciendo cosas para eludirlo al mismo tiempo, salía de mí misma en busca de toda la gente que pudiera encontrar que fuera capaz de orientarme. Buscaba, me esforzaba, *anhelaba* que alguien me dijera cuál era mi propósito, qué era lo que Dios quería de mí, qué esperaba el Universo de mí. Era terrible. En esencia, lo que deseaba era que otra persona, inspirada por la divinidad o no, me dijera *quién* tenía que ser y *cómo* tenía que ser en esta vida. Se me hacía de noche ante la mera idea de descubrir estas cosas por mí misma. *¿Qué pasaría si me equivocaba de sendero?* Ciertamente, era una cuestión de responsabilidad: si yo seguía el consejo de otras personas y no funcionaba... sería culpa de *ellas,* no mía.

La Oración del Sendero

A medida que pasaba el tiempo en Port Townsend, se nos fue haciendo evidente que nuestra familia estaba hecha para un entorno más urbano. No obstante, nos resultó muy triste empacarlo todo y volver al Medio Oeste. Mi trabajo entró en expansión cuando volví a la zona de Chicago. Realizaba consultas individuales y daba clases. La lectura de mis propios Registros Akásicos me había proporcionado acceso a unos recursos inapreciables: clases, ideas y sugerencias acerca de su aplicación.

Una de las preguntas que siempre me había hecho era la de cómo ser espiritualmente consciente y, al mismo tiempo, participar activa y responsablemente en la vida cotidiana, y esa pregunta seguía exigiendo una respuesta. Había visto a muchas, muchas personas que o bien se inclinaban a un lado o bien al otro. Pero yo sabía intuitivamente que la fuerza espiritual que había descubierto no pretendía en modo alguno sacarme de la vida, sino más bien potenciar mi vida ordinaria. Dedicando tiempo a mis Registros, busqué directrices sobre este tema, así como sobre otros muchos temas.

Después de varios años ofreciendo mis enseñanzas en el Medio Oeste, me llegó una inesperada llamada de Mary Parker. Me dijo que estaba reestructurando su relación con las personas que utilizaban su oración sagrada para enseñar los Registros Akásicos. Para entonces, yo ya disponía de una amplia experiencia con los Registros, y los cambios que ella había decidido implementar no tenían demasiado sentido para mí. Me di cuenta de que no podía incorporar sus ideas en mi trabajo, porque las directrices que yo estaba recibiendo eran diferentes de las suyas; de modo que, por respeto a Mary y a su linaje, y por respeto a mí misma, supe que tenía que apartarme de aquel sendero. Dejé de dar clases sobre los Registros Akásicos, y sólo continué utilizándolos en mi trabajo con las personas, a título individual. Fue una transición difícil, porque una parte de mí quería seguir perteneciendo a una comunidad a la que había llegado a conocer y querer. Sin embargo, el coste de mantener ese sentido de pertenencia habría supuesto deshonrar mi propia verdad espiritual y, en modo alguno, iba a hacer caso omiso a mis propias guías y directrices.

Durante los siguientes dieciocho meses, recé, lloré, me hice innumerables preguntas, y atravesé un gran torbellino interior. En el centro de la tormenta, yo forcejeaba con mis relaciones con el Dios de mi comprensión. En aquella lucha se sentaron los cimientos de lo que yo llamaría «las clases de Dios». Aunque, inicialmente, lo que yo había creado ofrecía una vía sistemática mediante la cual podía resolver algunas de las ideas caducas que yo tenía acerca de Dios, me di cuenta de que este enfoque podía resultar beneficioso también para los demás; y ello por muy buenos motivos. En mis enseñanzas sobre los Registros Akásicos, yo había observado que las personas que se sentían cómodas con su Dios hacían un trabajo rico y profundo en los Registros. Y, por otra parte, había visto que a las personas que no se sentían cómodas con su Dios les resultaba más difícil trabajar con los Registros. Así pues, las clases de Dios nos fueron de gran ayuda a todos.

Durante el verano de 2001, mientras rezaba frenéticamente pidiendo ayuda, comencé a recibir un mensaje recurrente: ¡que tenía que enseñar los Registros Akásicos! Aquello era fascinante. Yo seguía diciéndole a Dios, en términos inequívocos, que aquello estaba fuera de toda cuestión, pero aquella idea persistente no me abandonaba. Durante el primer fin de semana de septiembre, en mitad de un berrinche espiritual, me llegó una oración. Aquella oración atravesó de un lado a otro mis quejas y despotriques, y mi mente se serenó mientras las palabras y el ritmo dominaban silenciosamente el espacio. Por decirlo de algún modo, aquella oración me abrió a una poderosa región de los Registros, un lugar donde mi corazón se aplacó y mi mente se puso en sintonía para dar apoyo a mi corazón. Había entrado en un nuevo nivel con la Oración del Sendero. Fue algo sobrecogedor.

Después de recibir mi propia oración sagrada desde los Registros, quedé con mi ayudante, Christina, para hablar por teléfono en la mañana del 11 de septiembre de 2001. Tenía planeado compartir mi oración con ella para ver cuál era su reacción. Aquella mañana, mientras hablábamos, las torres gemelas del World Trade Center de Nueva York sufrieron el ya histórico ataque terrorista, tras el que se abriría una nueva dimensión de la conciencia para millones de personas. Más adelante comentaré algo más acerca de esta sorprendente coincidencia, pero me gustaría pensar que la Oración del Sendero que yo había recibido, que me permitió acceder al Corazón de los Registros Akásicos, era una expresión de las vibraciones superiores que se liberaron aquel día.

¡Tenía tanto que aprender! La Oración del Sendero involucra intensamente al corazón, y eso exige que aquellas personas que la practican sean muy activas en su propio trabajo interior. Cuanto más limpio y más abierto tengan el corazón, más fuerte será su conexión con la Luz. Cuando el corazón está abierto, esta oración ofrece una puerta de acceso a los Registros Akásicos. Yo estaba ansiosa por seguir las directrices que obtenía de los Registros, de modo que no tardé mucho en montar el Centro de Estudios Akásicos y en dar clases allí... muchas clases. Nuevas ideas e interpretaciones me seguían llegando de los Registros, y yo actuaba en función de lo que me llegaba con lo mejor de mí misma.

Lo que más me ha impactado de este particular sendero en los Registros es que, aquí, la compasión y la aceptación tienen una importancia determinante. Con cada lectura que hago (sea para mí misma o para otra persona), me llega una dosis fresca de Luz y de amor. Puede parecer un tanto sensiblero, pero es verdad. Esas energías me han ayudado a crecer, a ir más allá del rechazo de mí misma y del abandono de mí misma, hasta llegar a un mayor amor por mí misma. Y, siendo más consciente del amor que hay dentro de mí, me resulta más natural querer compartir el amor con los demás.

A lo largo de los años he acudido a muchos profesionales de diversas disciplinas en busca de consejo. Astrólogos, lectores de auras, intuitivos y canalizadores me han ofrecido multitud de ideas positivas y valiosas. Sin embargo, con mucha frecuencia me he encontrado con el mismo problema en estas lecturas. Con independencia de quién fuera la persona que hiciera la lectura y del método que utilizara, siempre se me decía, y se me decía del modo más enfático, que sólo con que «me amara a mí misma» todo iría bien. Pero el hecho de que se me instara a ello no me hacía más fácil conseguirlo. Aunque yo sabía que habían acertado, y era consciente de su deseo sincero de ayudarme, no sabía cómo traducir sus palabras en una experiencia de aceptación y de respeto por mí misma, tal como yo era en aquel momento.

Actualmente, a través de la gracia de un Dios infinitamente amoroso y generoso, he conseguido amarme a mí misma más de lo que nunca me había amado. A través de este sendero hacia el Corazón de los Registros Akásicos, he disfrutado de la sensación clara y diferenciada de mi propia bondad fundamental, y de la bondad de los demás, así como de la experiencia de ser vista, conocida y amada... y, lo más importante, de gustar. Mi sincero deseo es que este libro le lleve a usted a la fuente de la Luz, de la cual emanan estas maravillosas cualidades: los Registros Akásicos.

Agradecimientos

Siempre he sido bendecida con unos maravillosos compañeros de ruta en mi viaje. A todas y cada una de las personas que han compartido algún momento de sus vidas conmigo, gracias, desde el fondo de mi corazón, por lo que me han aportado a mí y a mi obra.

Me gustaría enviar la Luz a un grupo muy especial de personas.

Mi mayor agradecimiento debe ser para Juliette Looye por el regalo de su oficio literario, y por apoyarme mientras descubría el modo de transmitir el amor y la sabiduría de los Registros a través de la escritura. Su talento literario, sus habilidades organizativas, su sentido del ritmo y su atención a los detalles son sorprendentes. A estos dones hay que añadir su capacidad para disfrutar de la vida, ¡y vaya combinación surge de todo esto! Nuestro trabajo juntas ha sido para mí una bendición y algo parecido a una sacudida.

Gracias a Christina Cross, mi ayudante y amiga, por su pureza de corazón, por su mentalidad abierta, por su infinita paciencia y por su visión veraz, así como por su apoyo infinito y por su estímulo. Valoro profundamente el privilegio y el placer que supone para mí trabajar juntas.

Gracias a Jean Lachowicz, que siempre ha estado ahí, intrépida y dispuesta a ayudar de cualquier forma posible. Es una mujer persistente, decidida y firme, tanto a la hora de abordar una crisis como a la de elaborar una estrategia a largo plazo; y siempre aporta su fabuloso sentido del humor. Le daré las gracias eternamente.

Gracias a Mary Brown, por aparecer en el momento oportuno y por aportarme sentido común.

Gracias a Laura Staisiunas, por seguir su Luz y trasladarse a Colorado.

Gracias a Carol Schneidman, por ser sincera conmigo.

Muchísimas gracias a Mary y a Michelle, por su perfecta ayuda en la undécima hora.

Quiero dar las gracias muy especialmente a mi querida amiga Sheila Leidy, una profeta en mi vida, por estar ahí en las intersecciones importantes, haciendo brillar la Luz, y dándome el empujón que necesitaba para continuar.

Gracias a mis maravillosos alumnos y amigos, especialmente a Anne y Amy, a Rhonda, Homa, Tim S., Kim, Paula, Joan y Jennifer. Gracias al grupo de Port Townsend y Seattle, con Maggie, Sylvan, Johanna y el resto. A todos los demás que se adentraron en el sendero y que permanecieron en él durante todo el tiempo que les fue bien. Os quiero a todos.

Por toda una vida de amistad y de apoyo, gracias a Charlotte, JoAnne, Marla, K.D., Gie, George H., Donna, Julee, Mike, Steven, Timothy y Harriet.

Gracias a mis hermanos, a todos y cada uno de ellos.

A mis brillantes y generosos colegas Robert Dubiel, David Pond y Dawn Silver, un millón de gracias.

Miles de gracias a la amable y fabulosa gente de Sounds True.

Por último, a mi amiga del alma y compañera en la tierra, Lisa. Mi más profunda gratitud por compartir el camino conmigo, por aferrarse a él, por mantener la fe y el enfoque, y por saber que éste es mi trabajo profesional. Te amo. Y a Michael, el hijo más maravilloso del Universo: tú eres el gran regalo de mi vida. Te quiero.

Gracias a todos.

Cómo utilizar este libro

Estoy contentísima por el hecho de que usted haya dado con este libro, un libro que pretende enseñarle a leer los Registros Akásicos. Puedo asegurarle que, si sus experiencias con los Registros se parecen un poco a mis experiencias y a las de mis alumnos, este trabajo le va a hacer saltar por los aires, literalmente: va a hacer saltar por los aires las ideas preconcebidas que tenía usted del mundo hasta este momento de su vida. Va a hacer saltar por los aires los miedos y las excusas que le han impedido avanzar. Y le va a hacer saltar a usted a un nuevo lugar de entendimiento, de percepción, de amor y de paz, un lugar que le permitirá abrazarse a su vida y a todo lo que la rodea.

Así pues, ¡enhorabuena! En algún momento, usted ha tomado la decisión de profundizar su conexión espiritual y de expandir su experiencia en este planeta. Ahora es el momento idóneo para empezar, y este libro es la herramienta perfecta para usted. En él se incluye el programa de mi Clase de Iniciación, de dos días de duración, que le va a llevar a usted a través de todo el proceso de aprendizaje necesario para leer los Registros Akásicos.

El libro está dividido en dos partes: en la primera parte, aprenderá a leer los Registros Akásicos; en la segunda, se le ofrecerán técnicas y ejercicios mediante los cuales utilizar los Registros con el fin de sanarse a sí mismo o a sí misma y de sanar a otras personas.

A medida que avance en las páginas de este libro, es probable que lea algunas secciones una sola vez, pero habrá otras secciones que se convertirán en puntos de referencia que consultará en múltiples ocasiones. Sea como sea que utilice usted este libro, la información que se le da aquí es acumulativa (se construye sobre sí misma), de modo que, por favor, léalo todo hasta el final al menos una vez.

Espero de todo corazón que haga usted un amplio uso de este libro, que intente de verdad aprovechar la oportunidad espiritual que tiene ante usted. Con este libro como guía, podrá seguir la Luz de formas que nunca antes hubiera sido capaz de imaginar.

Y, ahora, comencemos nuestro viaje...

Una meditación de apertura

Me gustaría aprovechar esta oportunidad para darle la bienvenida a una nueva y excitante dimensión del conocimiento espiritual. Se trata de una dimensión tan sutil, con tanta luz y con una vibración tan rápida, que va a provocar un cambio energético en su conciencia. Cuando este cambio tenga lugar, podrá usted desprenderse de sus formas habituales de percepción, de tal modo que podrá acceder a una extraordinaria conexión con la Divinidad.

Para facilitar este cambio en la conciencia, comienzo mis Clases de Iniciación con una meditación. Esta meditación nos ayuda a arraigarnos en un pilar energético de Luz que nos sostiene amorosamente y de forma ininterrumpida a medida que avanzamos en nuestro trabajo. Así pues, búsquese una silla cómoda en una habitación tranquila y silenciosa. Siéntese con la espalda recta y los pies en el suelo; y, luego, lea desde el principio hasta el final la siguiente meditación, a un ritmo en el que se sienta cómodo o cómoda.

Meditación de apertura: El Pilar de Luz

Siéntese con las plantas de los pies en contacto con el suelo, y deje que la silla mantenga su espalda erguida y le sustente. Tome conciencia de dónde está y dónde está su cuerpo... Después, frótese las manos y comience a atraer energía desde el núcleo de la Tierra. Extráigala desde el mismo centro del planeta, a través de las plantas de los pies, y deje que recorra su cuerpo... que suba por sus piernas... ascendiendo por el tronco... hasta llegar al cuello... y, aún más arriba, hasta la cavidad del cráneo. Sienta cómo la energía ejerce presión en las paredes internas de su cráneo.

Mientras sigue frotándose las manos, quizás perciba que la energía ha ido bajando por sus brazos hasta llegarle a las manos. Para entonces, deberá tener las manos calientes. Haga uso de ellas para limpiarse el aura, el campo de energía que rodea su cuerpo. Cepíllese físicamente el cuerpo, desprendiéndose de toda vibración que haya en usted o alrededor de usted que no sea suya. Envíe todas esas vibraciones a la tierra, para que las absorba y las transmute. Después, cuando haya terminado, pose las manos con las palmas hacia arriba sobre su regazo, o bien sobre los reposabrazos de la silla.

Ahora, tome conciencia de la infinitamente poderosa y amorosa fuente de Luz que está siempre ahí, flotando a unos 45 centímetros por encima de su cabeza... A medida que toma conciencia de ella, la Luz se activa más y más, y desprende algo parecido a una lluvia que cubre su cuerpo, por delante, por detrás y a ambos lados. La Luz limpia en usted o su alrededor todo cuanto pueda interferir con su capacidad para experimentar su propia bondad fundamental.

A medida que la Luz desciende desde la cabeza hasta los dedos de los pies, sentirá que se va acumulando en sus pies y que comienza a rebosar, creando una plataforma de Luz que le sustenta en este lugar, en este instante del tiempo. La Luz no le sujeta los pies, sino que les proporciona apoyo y sustento.

Después, la Luz comienza a llenar su campo de energía. Se trata de un espacio con forma de huevo que se extiende a su alrededor, alrededor de 45 centímetros en todas direcciones, hacia delante, hacia atrás y a ambos lados. La Luz comienza a llenar ese espacio... sube por sus tobillos... por las rodillas... por las caderas... recorriendo su cuerpo hasta los hombros y, más arriba, hasta la cabeza, de tal modo que se halla ahora sentado dentro de un pilar de Luz.

Tómese unos instantes para dejar que la Luz haga su trabajo en usted. En primer lugar, y gracias a sus propiedades magnéticas naturales, la Luz extraerá de usted todo aquello que no le sea de ayuda: cualquier dolor físico, cualquier tensión o angustia que se halle presente; cualquier turbulencia emocional, preocupación o caos; y de su mente, cualquier pensamiento que pueda estar intimidándole o haciéndole sentir mal. La Luz puede extraer todo eso de usted. Puede extraer cualquier cosa que esté interfiriendo desde dentro con su experiencia de la siempre presente paz interior. No necesita decirle a la Luz que haga eso. La Luz es una inteligencia infinita que sabe exactamente lo que usted necesita en este momento. Simplemente, deje que haga su trabajo...

Y mientras la Luz extrae *de* usted todo eso merced a su naturaleza magnética, sienta que, al mismo tiempo, y gracias a su naturaleza radiante, la Luz se irradia *en su interior*. Sienta cómo se irradia dentro de usted desde todos los ángulos posibles (por delante, por encima, por debajo...), cómo atraviesa las fronteras de su piel, y sienta cómo la Luz se convierte exactamente en todo aquello que necesita; de tal modo que, si lo que necesita es coraje, la Luz se convierte en coraje. Quizás necesite usted consuelo; y la Luz se convertirá en consuelo. Ábrase y observe la Luz mientras se convierte en lo que usted necesita, mientras satisface cualquier necesidad que pueda tener en este momento. Tómese unos instantes para dejar que esto ocurra...

Llegado este momento, debería de estar en un estado de equilibrio razonable, listo o lista para seguir avanzando. Vuelva a situar su atención en este mismo instante, y luego continúe leyendo.

Primera parte

✦

CÓMO LEER LOS REGISTROS AKÁSICOS

Capítulo 1

◆

UNA INTRODUCCIÓN
A LOS REGISTROS AKÁSICOS

¿Qué son los Registros Akásicos?

Los Registros Akásicos son una dimensión de la conciencia que contiene un registro vibratorio de cada alma a lo largo de su viaje. Este cuerpo vibratorio de conciencia se halla íntegramente en todas partes, y se puede acceder a él en todo momento y en todo lugar. Como tal, los Registros constituyen un cuerpo experiencial de conocimiento que contiene todo cuanto haya pensado, dicho y hecho cada alma a lo largo de su existencia, así como todas sus posibilidades futuras.

Vamos a descomponer la definición de arriba en partes más pequeñas, comenzando con el significado de *dimensión de la conciencia*. Una dimensión de conciencia es una esfera del mundo invisible que los seres humanos podemos identificar y experimentar a través de sus cualidades, características o rasgos. Por ejemplo, el estado de sueño es una dimensión de la conciencia que contiene diferentes niveles de actividad que los seres humanos podemos identificar y experimentar. Otras dimensiones de la conciencia se pueden identificar como diferentes «regiones» de la mente (el consciente y el subconsciente, la zona de la memoria, las áreas de las capacidades musicales o de las matemáticas) y áreas del cerebro que gobiernan nuestras capacidades físicas. Aun hay otras dimensiones de la conciencia que son diferentes estados de relajación, que se miden mediante la actividad cerebral. Lo que todas estas dimensiones de la conciencia tienen en común es que, aunque son invisibles, sabemos que existen.

Durante el proceso de acceso a, o «apertura» de, los Registros Akásicos, pasamos desde un estado de conciencia humana ordinaria hasta un estado de conciencia universal divina en el cual reconocemos nuestra Unidad con lo Divino en todos los niveles. Este estado de conciencia nos permite percibir las impresiones y las vibraciones de los Registros. De este modo, los Registros han venido prestando un servicio a la humanidad a lo largo de su desarrollo, gracias al hecho de que constituyen un estado extraordinario mediante el cual podemos recibir la iluminación divina a un ritmo manejable, un ritmo que nos permite integrarla en nuestra experiencia humana. Gracias a esta integración, se podría decir sin caer en la exageración que acceder al Akasha es como tener vislumbres del Cielo en la Tierra.

Entremos ahora en el significado del *Akasha*. En la introducción de *El evangelio de Acuario de Jesús el Cristo,* de Levi H. Dowling,[2] se encuentra quizás la mejor descripción de esta palabra:

> *Akasha* es una palabra sánscrita que significa *sustancia primaria,* de la cual todas las cosas han sido formadas [...] Es el primer estado de la cristalización del espíritu [...] Esta sustancia akásica o primaria es de una finura exquisita, y es tan sensible que la más ligera vibración de un éter en cualquier lugar del universo hace que quede registrada una impresión indeleble sobre ella.

Cuando hablamos del Akasha, la sustancia primaria, nos estamos refiriendo a la energía en su primer y más primitivo estado, *antes* de que haya sido dirigida por nuestros pensamientos individuales, y afectada por nuestras emociones en esta vida. Esta energía es una cualidad de la Luz, tanto en un sentido físico como espiritual. Es una cualidad de la vitalidad, individualizada exclusivamente como almas específicas.

Aunque *Akasha* es una palabra sánscrita, de los Registros Akásicos se habla en muchos textos sagrados. A continuación encontrará varias referencias:

---

2 Publicado en castellano por Visión Libros, Barcelona, 1978. *(N. del T.)*

De mi vida errante llevas tú la cuenta; recoge mis lágrimas en tu odre, en tu registro.

—*Biblia judía*, Tanaj. Salmo 56:8-9

... dije entonces: «Heme aquí, que vengo; se ha escrito de mí en el rollo del libro; me deleita hacer tu voluntad, oh Dios mío; sí. Tu ley está dentro de mi corazón».

—*Biblia ampliada*, Salmo 40:7-8

... entonces dije: «He aquí que vengo a hacer Tu voluntad, oh Dios... [para cumplir] lo que está escrito de mí en el rollo de El Libro».

—*Biblia ampliada*, Hebreos 10:7

Tú habías escudriñado cada una de mis acciones, en tu libro estaban todas registradas, mis días listados y determinados, aun antes de que el primero de ellos tuviera lugar.

—*Nueva Biblia de Jerusalén*, Salmo 139:16

... el libro en el cual las acciones de los hombres, buenas y malas, se registran, El Libro de la Vida.

—*Nueva Biblia de Jerusalén*, Apocalipsis 20:12

Que nosotros y toda la Casa de Israel seamos recordados y registrados en el Libro de la Vida, bendición, sustento y paz.

—*Majzor para Rosh Hashana y Yom Kippur: Un libro de oraciones para los días austeros*, Rabí Jules Harlow, editor

Y Jesús abrió a [los discípulos] el significado del camino oculto, y del Santo Aliento, y de la luz que no puede apagarse. Les habló de todo lo referente al Libro de la Vida, a los Pergaminos de Grafael, al Libro del Recuerdo de Dios, donde todos los pensamientos y las palabras de los hombres están escritos.

—*El evangelio de Acuario de Jesús el Cristo* 158:3-4

Los Registros Akásicos son el Cuerpo de Luz de la autoconciencia universal. Como tales, contienen la conciencia universal, con sus tres principales componentes de mente, corazón y voluntad. Los Registros contienen también las vibraciones radiantes de Luz que generan todas las cosas. Cada vez que accedemos a los Registros, nuestra conciencia se ve afectada por esta cualidad de Luz, y nos «iluminamos» con ella. Cuando esto ocurre, los efectos de la Luz se hacen evidentes en nuestros pensamientos y emociones (y en los de nuestros clientes), y comenzamos a experimentar una sensación creciente de paz y bienestar.

Los Registros Akásicos están gobernados y protegidos por un grupo de Seres de Luz no físicos llamados los Señores de los Registros. Estos seres aseguran la integridad y la seguridad de los Registros. Ellos determinan no sólo quién puede acceder a ellos, sino también qué información puede recibir quien accede. Los Señores de los Registros trabajan con los Maestros, Profesores y Amados (que sirven para conectar el reino akásico con el reino terrestre) a quienes les «descargan» la información que éstos retransmitirán durante cada lectura akásica.

Aunque los Señores de los Registros y los Maestros Akásicos son seres no físicos, algunos de los Profesores y todos los Amados han tenido una existencia humana en la Tierra. Cuando usted trabaje en los Registros Akásicos, no verá nunca a los Señores de los Registros, ni verá a los Profesores ni a los Amados con la forma humana con la que existieron, pero podrá sentir su *presencia energética* si un Profesor o un Amado considera adecuado y necesario adelantarse y transmitir cierta información. Sin embargo, normalmente, los Maestros, los Profesores y los Amados prefieren mantener el anonimato, a fin de que aprendamos a confiar en la *energía* de los Registros, en lugar de depender de identidades específicas que trabajan en los Registros.

«La terapia tradicional suele ser necesaria para aprendizajes y problemas básicos; pero cuando una persona está preparada para ir más allá de lo básico y alcanzar lo extraordinario, los Registros Akásicos superan el poder de la terapia tradicional. Me siento muy agradecida por poder disponer de esta poderosa y excitante herramienta para poder conocerme mejor a mí misma y para poder convertirme en la persona que, desde que nací, se pretendía que tendría que ser.»

—*Kathryn*

En el capítulo 3, hablaremos con más detalle de los papeles que juegan los Señores de los Registros y los Maestros, Profesores y Amados. Sin embargo, como ya habrá supuesto por la explicación anterior, para trabajar en los Registros Akásicos se necesita comprender y aceptar el concepto de reencarnación. Desde la perspectiva de los Registros, todas las almas son eternas. En este nivel de comprensión, los Registros conservan el archivo de cada alma en sus sucesivas vidas como seres humanos diferentes en el plano terrestre, mientras evolucionan en el tiempo y el espacio. Una encarnación humana tiene lugar como una manifestación específica del diseño perfecto del alma. Lo que se pretende con la experiencia humana es convertir en físico el yo perfecto que ya existe en el Akasha a nivel del alma. Pero hace falta tiempo, de hecho muchas vidas, para evolucionar en la conciencia de la propia naturaleza espiritual y para ser capaz de anclar esa conciencia en lo físico, así como para convertirse en ese yo óptimo en el plano terrestre. En los Registros, podemos ver y rastrear nuestras distintas encarnaciones. Así, en esencia, los Registros Akásicos son, al mismo tiempo, un diseño perfecto a nivel del alma y el catálogo de experiencias de un alma individual a medida que crece en conciencia de sí misma como ser espiritual, divina en naturaleza y manifestándose en el campo físico de la Tierra.

Es fácil comprender por qué al Akasha se le llama con frecuencia «los Registros». El Akasha está organizado de tal forma que nos permite a los seres humanos interactuar con este recurso espiritual y obtener vislumbres, orientación y comprensión dentro del tiempo y el espacio terrestres. Para que nos resulten accesibles, los Registros están organizados mediante los nombres legales actuales de las personas. De esta forma, sea cual sea la vida en la que nos encontremos, podemos conseguir entrar y encontrar el diseño, o el «Registro», de nuestra alma individual, y examinar el sendero de su realización.

Aunque es cierto que los Registros Akásicos de cada alma se encuentran en todas partes a la vez y son completamente accesibles, no sería demasiado útil tener un acceso total a los Registros de un alma durante una lectura akásica. La información sería tan vasta y abrumadora que sería casi imposible descifrarla, y podría resultar más perjudicial que positiva.

Cada nombre tiene una cualidad vibratoria diferente, de modo que, cuando abrimos unos Registros anímicos concretos, utilizamos el nombre que el alma está utilizando actualmente en esta vida. La vibración de ese nombre nos permite acceder a la «serie de Registros» que contienen la información que será más relevante durante la lectura. No es de sorprender que los Registros Akásicos hayan sido comparados con un «Internet cósmico», que nos permite «googlear» información muy concreta cuando abrimos los Registros de una persona.

La energía de los Registros se mueve sobre la palabra formulada o pronunciada. Mientras una lectora o un lector akásico describe lo que está recibiendo de los Registros, el proceso fluye. Las palabras pronunciadas facilitan el movimiento de la energía, la relación con la historia que se tiene entre manos y los pensamientos, sentimientos y posteriores acciones del cliente. Si trabajas en tus propios Registros y asignas palabras a lo que está sucediendo (sea a través del pensamiento, de la escritura o de la palabra hablada), facilitas el mismo flujo de energía e información.

Los Registros Akásicos cambian y se expanden constantemente. A medida que nuestra alma evoluciona a lo largo del tiempo, nuestros Registros se ajustan a fin de reflejar nuestro crecimiento, y se hallan en un estado continuo de refinado, en la medida en que nos alineamos con nuestra perfección y manifestamos esa perfección en nuestra vida terrestre. Por tanto, podríamos ver los Registros como un cuerpo intermediario de toda posibilidad, probabilidad y eventualidad pasada, presente y futura. A través de ellos podemos entender y obtener directrices, a medida que nos abrimos en nuestro interior al viaje que nos llevará a convertirnos en nuestro yo óptimo en el mundo físico.

Los Registros Akásicos no admiten intrusión ni invasión alguna. No se ponen de parte de ninguna personalidad o entidad concreta, ni están gobernados ni poseídos por ninguna organización ni institución humana. De ahí que no sean de dominio exclusivo de religión ni escuela de sabiduría metafísica alguna; más bien, están a disposición de todos.

Debido a que el Akasha es la sustancia primaria a partir de la cual se forman todos los pensamientos, los Registros se interpretan de diferentes modos según las diferentes culturas, religiones y sistemas de creencias organizados. Pero aquello en lo que coinciden normalmente todos es en la energía akásica en sí, que se manifiesta y se reconoce en general como amor, luz, paz, poder, belleza, armonía, alegría, fuerza, orden y equilibrio.

¿Quiénes utilizan los Registros Akásicos y para qué?

Durante siglos, los Registros Akásicos fueron dominio exclusivo de los místicos, los santos y los eruditos; y era razonable que fuera así. El poder y la sabiduría infinitos disponibles en los Registros no se pueden dejar en manos de cualquiera, de ahí que fueran confiados a aquellas personas que estaban bien preparadas para tal responsabilidad. Tanto en las tradiciones orientales como en las occidentales, ha habido escuelas de misterios que preparaban a los buscadores para el conocimiento esotérico. Se sabe que la formación era rigurosa y estricta, con el fin de asegurar la santidad del trabajo, protegiendo de este modo tanto al iniciado como a esta dimensión de conciencia.

Pero los tiempos han cambiado. La conciencia colectiva de la especie humana ha estado creciendo, evolucionando y madurando; y, durante el proceso, la humanidad ha pasado de la era de la dependencia de un «progenitor» espiritual a la era de la independencia y la responsabilidad espiritual. Esta independencia espiritual está marcada por personas que saben que disponen de acceso directo a su fuente espiritual, y por la utilización de su independencia para cultivar esa relación. A medida que sigamos forjando nuevos senderos *dentro y hacia* los Registros Akásicos, cada vez serán más las personas que se sientan atraídas hacia su Luz. En la actualidad, cualquier persona que asuma el compromiso consciente de buscar y difundir la Luz Divina y la sanación puede acceder a este cuerpo de sabiduría, conocimiento y dirección.

A mediados del siglo XX, Edgar Cayce (1877-1945) era la única persona que leía los Registros Akásicos públicamente. Se le conocía como «el profeta durmiente», porque su método para acceder a los Registros consistía en entrar en un estado de sueño, que le permitía cambiar su conciencia y acceder al Akasha. Mientras se hallaba en este estado, Cayce transmitía información, en tanto que otra persona tomaba notas. Al despertar, él volvía a su estado de conciencia ordinario y no recordaba nada de lo que había dicho.

Durante cuarenta y tres años, Cayce estuvo dando lecturas a diario de los Registros Akásicos. En la actualidad, estas lecturas (más de catorce mil de ellas) están a disposición del público y proporcionan muchísima información acerca de los Registros Akásicos en sí, así como respuestas a miles de preguntas relacionadas con la salud y la espiritualidad. Lo que resulta especialmente significativo hoy en día acerca del trabajo de Cayce es que él popularizó los Registros Akásicos. Aunque la teósofa Helena P. Blavatsky (1831-1891) y el antropósofo Rudolf Steiner (1861-1925) se refirieron a los Registros Akásicos en sus escritos, no fue hasta Edgar Cayce, a mediados de siglo, que las lecturas de Registros Akásicos se convirtieron en una práctica familiar dentro del movimiento de desarrollo de la conciencia.

> «Leí algo de Edgar Cayce cuando era niña, pero no fue hasta que pasé por una experiencia cercana a la muerte cuando alguien me recomendó que fuera a que me hicieran una lectura de Registros Akásicos. Yo había tenido experiencias extracorporales y estaba buscando algo que me anclara al suelo, un espacio seguro. Después de la lectura, aprendí a leer los Registros por mí misma. Los Registros se han convertido en mi pequeña ancla.»
>
> —*Rhonda*

En la actualidad, miles de personas mantienen una poderosa relación con los Registros Akásicos. Aunque hay personas que trabajan con sus Registros estrictamente para su crecimiento y desarrollo personal, otras utilizan sus Registros como apoyo en sus empresas artísticas, como en fotografía, cerámica, pintura, literatura y composición musical. Hay hombres y mujeres de negocios que utilizan los Registros para potenciar sus empresas o sus carreras, y padres y madres que los emplean como guía y apoyo en sus labores educativas con los hijos.

¿Cómo accede la gente a los Registros Akásicos?

La diversidad de métodos que la gente utiliza actualmente para acceder a los Registros Akásicos guarda una estrecha correspondencia con la diversidad de formas con las que entran en contacto con sus recursos espirituales. El Proceso de la Oración del Sendero que presento en este libro forma parte de la tradición de la «oración sagrada» para el acceso a los Registros. En esta tradición, las personas encuentran su camino a los Registros a través de la luz y de las vibraciones sonoras de las palabras pronunciadas. Las diferentes oraciones que la gente ha desarrollado son como «rampas de acceso» que llevan a diferentes áreas de los Registros.

En tanto que unas personas utilizan las oraciones para acceder a los Registros, otras consiguen acceder a través de la hipnosis. Otras más son capaces de entrar en contacto con los Registros utilizando los símbolos de la técnica de sanación conocida como Reiki. Y sí, los hay también que son capaces de acceder como consecuencia de sus prácticas meditativas y de otras formas de desarrollo de la conciencia.

Todos los caminos que llevan a una relación consciente con los Registros Akásicos son buenos y válidos. Lo más importante en cuanto al método que usted elija es que éste le ponga en sintonía con lo que usted es como persona y le permita experimentar cómodamente las lecturas más efectivas posibles. Al elegir este libro, se le ha llevado al Proceso de la Oración del Sendero para el Acceso al Corazón de los Registros Akásicos, porque este método en particular puede serle útil. A usted no se le habría dirigido a este método si no fuera un recurso efectivo; de modo que relájese, se encuentra usted en el sendero correcto. Cuando esté preparada o preparado para dar sus primeros pasos en la apertura de sus Registros Akásicos recibirá la guía y el apoyo de la Divinidad. ¡Después de todo, el Universo está de su parte, y conspira para que tenga éxito en este empeño!

«Fue una amiga la que me animó a que me hicieran una lectura de Registros Akásicos, pero me daba miedo, aunque finalmente concerté una cita porque tenía una importante pregunta acerca de mi trabajo... de mi trabajo creativo. ¡Aquella lectura cambió mi vida! Ahora tengo mi propio estudio, y estoy en contacto con mi creatividad.»
—Homa

A través de mi trabajo como profesora y como lectora de los Registros me he dado cuenta de que la mayoría de las personas que se han sentido atraídas por el Proceso de la Oración del Sendero habían tenido experiencias previas con la energía de los Registros Akásicos. Sin embargo, quizás aquellas experiencias tuvieron lugar de forma «accidental», y posteriormente no les resultó fácil repetirlas, de ahí que los Registros no fueran para ellas un recurso espiritual fiable. Sin embargo, utilizando de forma consciente y deliberada el Proceso de la Oración del Sendero (que es, en efecto, un código espiritual) usted podrá dominar el proceso de tal modo que podrá acceder a los Registros siempre que lo desee. En esencia, el uso de la Oración del Sendero le va a proporcionar una vía de acceso a los Registros para usted mismo y para los demás de un modo consciente, responsable, directo y a voluntad, y de esto no existen precedentes en la historia de la humanidad.

Aunque los Registros Akásicos siempre están disponibles, no siempre lo están para todo el mundo. Los Registros han sido durante mucho tiempo del dominio de un grupo muy selecto de personas, que interactuaban con el Akasha en nombre propio o en nombre de su comunidad. Cuando hablamos de la Nueva Era en lo relativo a los Registros Akásicos estamos hablando del hecho de que ha llegado el momento en que las personas seculares elijan sus propios recursos, incluidos los Registros, y recorran sus propios senderos espirituales. Los días de la inmadurez espiritual, de la «alimentación a cucharadas», de la opresión espiritual y de la victimización han terminado. Nos encontramos en un nuevo tiempo, un tiempo en el que tenemos que aprender a mantener una relación consciente con nuestra propia autoridad espiritual. Hace cien años, esto no era posible. Ciertamente, se habría considerado escandaloso.

Resulta curioso que, incluso hoy en día, no hayan demasiados libros en circulación acerca de los Registros Akásicos; e incluso es más destacable el hecho de que este libro sea el primero de su clase, en el sentido en que enseña realmente un método explícito para la lectura de los Registros Akásicos.

En la segunda mitad del siglo XX aparecieron pocos libros que identificaran y describieran los Registros Akásicos. Su aparición coincidió con la primera fase de educación de la conciencia de las masas acerca de la existencia de los Registros y de su potencial como recurso espiritual. De aquella primera fase de libros, hay dos que recomiendo especialmente. El primero es de Robert Chaney, el fundador de la Astara Foundation, una escuela de sabiduría metafísica de California. En su libro, *Akashic Records: Past Lives & New Directions (Los Registros Akásicos: vidas pasadas y nuevas direcciones),* Chaney compara los Registros Akásicos con un sistema informático, y utiliza los términos informáticos para discutir distintos elementos de los Registros. El segundo libro es de Kevin Todeschi, de la Association for Research and Enlightenment (A.R.E.) (Asociación para la Investigación y la Iluminación), una organización que estudia y promueve la obra de Edgar Cayce. El libro de Todeschi, *Edgar Cayce on the Akashic Records: The Book of Life*,[3] proporciona una perspectiva sumamente esclarecedora sobre cómo trabajaba Edgar Cayce en los Registros, el tipo de información que recibía durante sus lecturas y cómo se utilizaba esa información.

Entre los libros publicados más recientemente, recomiendo un interesantísimo libro titulado *La ciencia y el campo akásico: una teoría integral del todo*,[4] del físico Ervin Laszlo. Este libro adopta un enfoque científico para identificar y validar la existencia de los Registros Akásicos, o «Campo-A».

«Cuando abrí por primera vez mis propios Registros, me sentí completamente envuelta en Luz, y supe que estaba en casa. Fue una experiencia muy potente; ¡mi corazón palpitaba en todas partes! Me llevó un minuto o dos tranquilizarme.»

—*Nancy*

El motivo por el cual estoy escribiendo este libro sobre cómo leer los Registros Akásicos es el de ofrecerle una herramienta para su uso personal, algo que pueda usted utilizar para avanzar en su sendero espiritual. Ha llegado el momento. Es nuestro momento en la historia, y somos nosotros las personas, la vanguardia de la Nueva Era, personas que asumen la responsabilidad de su propia conciencia espiritual y de su relación consciente con el Dios de su propia comprensión. No se trata de una canalización a la antigua usanza. Como lectores akásicos, nosotros «canalizamos» al permitir que la energía de los Registros recorra nuestro cuerpo, nuestro corazón y nuestra mente. Canalizamos energía e información directamente desde el Akasha, no de entidades ni personalidades de otras dimensiones.

Como ya he mencionado anteriormente, la mayoría de las personas que vienen a mí en busca de lecturas o de clases sobre los Registros Akásicos aparecen porque, en un nivel profundo, tienen ya cierta familiaridad

3. Posiblemente se trate del libro del mismo autor traducido al castellano con el título de *Edgar Cayce: doce lecciones de espiritualidad*, editado por Plaza & Janés, Barcelona, 1998. *(N. del T.)*

4. Publicado en castellano por Nowtilus, Madrid, 2004. *(N. del T.)*

con los Registros. Están respondiendo al impulso interior que les dice que ha llegado el momento de llevar su desarrollo espiritual de un modo activo y consciente. Los Registros encuentran siempre a las personas allí donde se encuentran, por lo que usted sólo se verá atraído a este libro si es que ha llegado su momento para aprender a leer los Registros. Quizás descubra, cuando comience a leerlos, que siente cierta familiaridad con ellos. Vuelva directamente a casa.

¿Cómo accederemos a los Registros Akásicos en este libro?

En este libro utilizaremos el Proceso de la Oración del Sendero para Acceder al Corazón de los Registros Akásicos. Como ya he dicho en el prefacio, fueron mis Maestros, Profesores y Amados los que me dieron la Oración del Sendero en septiembre de 2001, y lo compartí por vez primera con mi ayudante, Christina, justo cuando las torres gemelas del World Trade Center se estaban derrumbando, el 11 de septiembre. En aquel momento hubo una apertura en el corazón colectivo de la humanidad, porque aquél fue el más terrible ataque de la historia sobre suelo norteamericano, y nuestra antigua sensación de invencibilidad saltó en pedazos, para ser reemplazada por una nueva sensación de vulnerabilidad. Actualmente, como líderes globales en el movimiento para el despertar espiritual interior, la psique norteamericana se encuentra en la vanguardia de la humanidad en esta materia. Una herida al líder siempre tiene un fuerte impacto en el grupo. La herida en el corazón de América se corresponde con la herida y la posterior apertura del corazón de toda la humanidad, y esta oración en particular es un punto focal para la atención humana. Esta oración ancla y estabiliza esa apertura en el espacio del corazón, y nos permite acceder a él de una forma más profunda. Fueron muchos los corazones de las personas que se abrieron aquel día, al entrar en contacto unos con otros en todo el mundo, y creo que esta oración abrió también un sendero hasta el núcleo, hasta el Corazón, de los Registros, que es la sede del amor incondicional dentro del cuerpo de sabiduría akásico.

¿Para qué utilizar una oración para acceder a los Registros Akásicos? Los Registros se consideran una entidad «espiritual», por cuanto se hallan dentro del reino del espíritu, y a este particular dominio de la conciencia se accede mejor y se alcanza a través de la acción espiritual de la oración. Como enfoque espiritual, la oración implica a todo nuestro ser: implica los procesos mentales de dirección y enfoque de nuestros pensamientos, implica el acto físico de pronunciar la oración e implica la respuesta emocional que sentimos con respecto a nuestro mensaje o petición. Todo esto se combina para crear una experiencia espiritual mediante la cual atravesamos el tiempo y el espacio y establecemos contacto consciente con el Espíritu Divino. Así, aun cuando no nos sintamos muy espirituales mientras rezamos, el acto en sí es un reconocimiento de la verdad espiritual, así como del deseo de vivir y actuar desde ese lugar en ese momento.

Enseñando el Proceso de la Oración del Sendero a cientos de alumnos durante los últimos años, he podido ver cómo éstos se adentraban en una nueva dimensión de la conciencia, una dimensión superior; y esto no sólo para sí mismos, sino para aquellas personas cuyos Registros leían. Ha sido un proceso excitante y milagroso, cuyos efectos se están sintiendo en todo el planeta. Y ahora me siento ciertamente entusiasmada por poder ofrecerle a usted el Proceso de la Oración del Sendero.

Capítulo 2

✦

DIRECTRICES Y REGLAS BÁSICAS PARA LA LECTURA DE LOS REGISTROS AKÁSICOS

En este capítulo estableceré algunas directrices que le facilitarán el trabajo con los Registros, y que le ayudarán a prepararse para que las experiencias sean lo más iluminadoras posibles. Estas directrices estimulan la amabilidad y el respeto en la comunicación, así como el uso responsable del tiempo, y ofrecen vías apropiadas para combinar los Registros con otros sistemas espirituales. También proporcionan sugerencias para la formulación de preguntas antes de la lectura, y describen los tipos de información que podría usted recibir, así como el modo en que podría recibirla.

He recopilado estas directrices de entre unas cuantas fuentes diferentes, entre las cuales están las de Mary Parker, las de mis propios Maestros, Profesores y Amados akásicos, y las de mis propias experiencias en la enseñanza de la lectura de los Registros. A lo largo de los años, me he dado cuenta de que existen formas de trabajar con los Registros que dan lugar a lecturas más precisas y efectivas, y le transmito esta información con el fin de que obtenga el mayor éxito en su práctica.

¿Cómo debería prepararme para leer los Registros Akásicos?

La forma en la que usted elija vivir su vida no guarda relación con su capacidad para acceder a los Registros Akásicos. Sin embargo, la decisión de cuál es la mejor manera de acercarse a la lectura de los Registros Akásicos es una cuestión consciente y deliberada que precisa de elecciones conscientes y deliberadas. Las siguientes directrices le ayudarán a tomar decisiones a la hora de trabajar responsablemente con los Registros. Le facilitarán el cambio hacia el campo de conciencia akásico y le ayudarán a recibir información de la manera más clara y nítida posible. Aunque yo sigo estrictamente estas directrices cuando me preparo para las lecturas, no entienda en modo alguno que le estoy pidiendo que cambie su estilo de vida personal y que siga estas directrices a diario. Si a usted le gusta beber alcohol, por ejemplo, eso es una decisión totalmente suya. Yo sólo le doy instrucciones para abstenerse de tomar alcohol veinticuatro horas antes de dar una lectura. La primera directriz que encontrará más abajo le explicará por qué esto es tan importante.

Directrices para la lectura de los Registros Akásicos

1. **No consuma alcohol ni drogas de placer durante las veinticuatro horas previas a la apertura de los Registros.**

    La idea general en lo relativo a las drogas es ésta: si está usted tomando una droga o un fármaco que le haya prescrito el médico para recuperar la salud y el equilibrio del cuerpo, esa droga no va a interferir con su capacidad para leer los Registros. Sin embargo, las drogas que se consumen por placer o el alcohol le van a perjudicar en la lectura debido al hecho de que estas sustancias afectan a su campo de energía, generando unos bordes inestables y «fláccidos», y eso distorsionará su percepción. (Piense en lo que ocurre cuando usted se ve a sí misma en una de esas atracciones llenas de espejos: usted no ve una imagen precisa de sí misma porque los espejos distorsionan su percepción.) Aunque una percepción distorsionada de la realidad puede ser aceptable en determinados entornos, no resulta apropiada ni responsable durante una lectura de Registros Akásicos, donde el objetivo de la lectura es revelar la verdad.

2. **Utilice su nombre legal actual cuando abra sus Registros.**

    Cada nombre tiene una vibración energética única, y la vibración de su nombre legal actual es lo que le permite acceder a sus Registros.

Conseguirá una lectura más rica y profunda si utiliza su nombre *completo*; Suzette Joann Bailey, en lugar de Suzy Bailey, Suzy Jo Bailey o Suzy J. Bailey. Cuando usted cambia su nombre legal (como en el caso de matrimonio o de divorcio, por ejemplo),[5] usted cambia su vibración en los Registros Akásicos, así como la dirección que su vida pueda tomar. Así pues, utilice el nombre que aparece en sus documentos legales, aunque no sea el nombre que emplea a diario. Si existe alguna confusión a este respecto, hágase la siguiente pregunta: «¿Con qué nombre se me conoce en Hacienda, en el organismo de recaudación de impuestos?». Esta directriz se aplica también cuando usted lee los Registros Akásicos para otras personas.

3. **Responsabilícese del tiempo que dedica a los Registros.**
   Conviene que dedique el tiempo suficiente durante una lectura como para permitir que su conciencia cambie por completo, especialmente cuando todavía no está acostumbrado a estar en los Registros. Este cambio le permitirá «arraigar» firmemente en el campo akásico y recibir información de la forma más clara posible. Una cantidad de tiempo adecuada para estar en los Registros puede variar entre quince minutos y una hora. Todo lo que sea estar menos de quince minutos no va a parecer tanto una lectura akásica como un oráculo «de apaños» en el reino de las preguntas de sí-o-no. (*Véase* la página 57 acerca de los tipos de preguntas que mejor funcionan durante las lecturas akásicas, y también si desea una explicación de por qué las preguntas de sí-o-no no resultan tan efectivas como las preguntas de cómo-y-por qué.)

4. **Tome contacto con la tierra después de cada lectura.**
   Cuando usted sale, o «cierra», los Registros Akásicos, su conciencia realiza una transición en su regreso a la perspectiva humana. Con el fin de que no se sienta desorientada después de esta transición, haga algo que le permita conectar con la tierra: bébase un vaso de agua, lávese la cara, coma un poco, salga a la calle y abrácese a un árbol,

---

5. Recuérdese que en los países anglosajones, las mujeres adoptan legalmente el apellido del marido. (*N. del T.*)

camine descalza... cualquier cosa que le funcione bien a usted y que encaje con sus circunstancias inmediatas. Lo que se busca al contactar con la tierra es llevar la conciencia de vuelta al instante presente y hacerse plenamente consciente del entorno. Dos técnicas para arraigar en la tierra que me funcionan muy bien son la de sacar a pasear a mi perro y la de sacar la basura. Estos dos métodos me exigen que salga de la lectura y que esté presente en lo que estoy haciendo.

5. **Cuando combine los Registros Akásicos con cualquier otro sistema, honre siempre ambos métodos.**

   Y, al revés, si las directrices y procedimientos de un sistema en particular entran en conflicto con las directrices para la lectura de los Registros Akásicos, no utilice nunca juntos estos dos sistemas. He aquí un ejemplo: usted está considerando la posibilidad de abrir los Registros mientras participa en el Ritual Z, que requiere ingerir hongos alucinógenos. Pero usted sabe que debe abstenerse de consumir alcohol y drogas durante las veinticuatro horas previas a la apertura de sus Registros. Dado que los procedimientos del Ritual Z entran en conflicto con estas directrices, practique estos sistemas por separado. De este modo, honrará a ambos sistemas y los mantendrá en un estado puro y efectivo.

Directrices para leer los Registros Akásicos de otras personas

1. **Antes de abrir los Registros de otra persona, debe obtener su permiso.**
   Abra los Registros de otra persona *únicamente* cuando esa persona *le pida* que lo haga. No olvide nunca que las lecturas akásicas se dan «sólo mediante invitación», de modo que no le diga nunca a una persona que necesita una lectura ni ejerza ningún tipo de coerción sobre ella para que dé su consentimiento, cuando esa persona no se sienta cómoda con la idea. Sepa que la decisión de hacer o no una lectura de Registros depende exclusivamente de la persona en cuestión. Aunque tenga la impresión de que el alma o Yo Superior de la persona está anhelando una lectura de Registros, si ese ser humano no puede o no quiere pedir la lectura, entonces es que no es el momento oportuno para ello, por lo que no sería correcto hacer la lectura.

2. **Mantenga la más estricta confidencialidad.**

   Si tiene usted interés en hacer lecturas akásicas para otras personas es muy probable que ya posea cierta sensibilidad natural a las necesidades de los demás, especialmente a la necesidad de privacidad. Así pues, cómo no, honrará usted la naturaleza confidencial de este trabajo, y no hablará de las lecturas con otras personas. Como en todo en la vida, se ha de aplicar aquí la Regla de Oro: No hagas a los demás lo que no te gustaría que te hicieran a ti. Si se encuentra usted alguna vez en el otro extremo de la lectura, valorará muy especialmente esta directriz.

3. **Ofrezca toda la información que obtenga de la forma más amable, positiva y respetuosa posible.**

   El objetivo de toda lectura estriba en dignificar y elevar a la persona de la que se hace la lectura, revelar el potencial y el verdadero yo de esa persona. De forma amable y respetuosa, comparta con ella todo lo que los Maestros, Profesores y Amados le revelen, aun en el caso de que le resulte un tanto violento, le parezca insignificante o no tenga sentido para usted. A veces, aquello que se calla es precisamente lo que esa persona más necesita escuchar.

4. **No abra los Registros de personas menores de dieciocho años.**

   Cada cultura tiene su propia definición de cuándo un niño pasa a ser un adulto, y en Estados Unidos, la mayoría de edad se establece en los dieciocho años. El Proceso de la Oración del Sendero respeta las normas culturales de Estados Unidos, porque es el lugar de origen de este sistema. En tanto un adolescente no alcance esa edad, la responsabilidad legal recaerá sobre los padres o tutores del joven, y no se le permitirá tomar decisiones por sí solo. Y dado que, para una lectura de Registros, se necesita que la persona asuma la plena responsabilidad de sus propias acciones (y de su karma), los adolescentes tendrán que esperar hasta los dieciocho años para poder recibir una lectura. Sin embargo, esto no quiere decir que los padres no puedan abrir sus propios Registros y formular preguntas acerca de la educación de sus hijos. Se puede obtener una información muy valiosa en lo referente a por qué están nuestros hijos en nuestra vida, cómo podemos apoyar mejor su crecimiento y qué lecciones pueden aprender de nuestra relación con ellos. (En alguna ocasión me han preguntado si estaría bien abrir los Registros de un joven «maduro» de diecisiete años y medio. Mi respuesta es siempre la misma; si los chicos son lo suficientemente maduros, comprenderán por qué es tan importante que esperen hasta cumplir los dieciocho.)

Recomendaciones para los primeros treinta días

Su período de iniciación comenzará en el instante en que asuma el compromiso consciente de aprender el Proceso de la Oración del Sendero, momento en el cual entrará en un «período de gracia de transición de treinta días». Así pues, si usted abre simplemente este libro, lee la oración y comienza a utilizarla, quizás no obtenga los resultados inmediatos que desea. Sin embargo, si se toma el tiempo necesario para leerse íntegramente este libro y decide trabajar de acuerdo con sus directrices y reglas básicas, seguramente entrará en la zona de gracia, en la que recibirá apoyo energético para su empeño.

Una vez haya leído las directrices y las reglas básicas, quizás decida que no está preparado o preparada todavía para abrir sus Registros Akásicos. No hay problema en ello. La transición de treinta días comenzará cuando usted decida poner a prueba los Registros por vez primera. Usted sabe lo que significa «poner a prueba», y se trata de una decisión suya, de modo que será usted quien diga lo que es adecuado. Si ocurre algo en su vida que requiera de toda su atención, y no puede trabajar con los Registros durante un tiempo, no se preocupe. Simplemente, olvídese de los Registros hasta que esté en disposición de comenzar nuevamente. Su período de gracia de treinta días comenzará de nuevo entonces. Durante ese tiempo, los Señores de los Registros le guiarán con cariño, mientras se abre paso en este nuevo y excitante reino del espíritu.

Durante esos primeros días, cuando comience a leer Registros para los demás, las siguientes directrices le serán de gran ayuda para rebajar su ansiedad.

Para los treinta días posteriores al aprendizaje de la lectura de los Registros Akásicos

1. *Ofrezca* lecturas akásicas a los demás.

   Una vez aprenda a acceder a los Registros Akásicos, la forma más rápida de sentirse cómodo ofreciendo lecturas consiste en practicar tanto como pueda. Por tanto, es permisible, *durante este período de treinta días exclusivamente,* ofrecer a la gente lecturas, en lugar de esperar a que nos las pidan. Dígales a los demás que acaba usted de aprender a leer los Registros, y pregúnteles si puede practicar con ellos. Si acceden, ¡estupendo! Si vacilan o dicen que no, haga lo que tiene que hacer: no insistir. Déjelos y pregunte a otra persona.

2. *No* pida dinero por sus lecturas akásicas.

   Ofrecer lecturas gratuitas durante los treinta primeros días le permitirá tener en cuenta el hecho de que todavía está aprendiendo, y que sus lecturas quizás no sean perfectas aún. De esta forma, dispondrá de la suficiente libertad para crecer, liberándose así de toda «presión de rendimiento». Cuando comience a cobrar por sus lecturas, asegúrese de preguntar a sus Maestros, Profesores y Amados qué honorarios son los más adecuados en su caso.

3. *No* mezcle sus lecturas con otros sistemas o disciplinas.

   Antes de comenzar a mezclar su trabajo akásico con cualquier otro sistema, conviene que sepa qué son los Registros, así como qué hacen. De otro modo, quizás no sea capaz de determinar qué sistema está dándole qué resultados. (Como suelo decir: «Antes de mezclar una bebida, tienes que saber qué hay en cada botella».)

¿Qué tipos de preguntas funcionan mejor en los Registros Akásicos?

Una de las principales claves para llevar a cabo una lectura precisa y potente es la de saber qué tipos de preguntas puede formular. Hay preguntas que permiten recibir muchísima información de los Registros, en tanto que otras no generan demasiada información, o bien no nos ofrecen el tipo de infor-

57

mación que estamos buscando. Así pues, cuando comience a formular sus preguntas, siga estas tres directrices.

1. **Evite preguntas que comiencen con** *cuándo.*

   El tiempo carece de importancia en los Registros, porque los Registros son eternos. Se encuentran en todas partes, íntegramente, y siempre en el aquí y el ahora. Por tanto, sus Maestros, Profesores y Amados akásicos no están limitados por los parámetros del espacio y el tiempo terrestres. De modo que formular una pregunta predictiva acerca de *cuándo* ocurrirá algo no le va a dar a usted la respuesta que quiere; y quizás incluso termine un tanto frustrado, como en la siguiente pregunta, que podría plantear una tal «Mary Margaret» ficticia:

   Mary Margaret: *Maestros, Profesores y Amados, ¿cuándo encontraré al amor de mi vida?*

   Evidentemente, la respuesta que podría esperar Mary Margaret sería algo medible y definitivo, como: «Encontrarás el amor de tu vida en el plazo de los tres próximos meses».

   Sin embargo, dado que los Maestros, Profesores y Amados no tratan con el tiempo terrestre, éstos no le darían una respuesta mensurable y definitiva. En vez de ello, podrían responderle con algo parecido a esto:

   MPA: *Mary Margaret, encontrarás al amor de tu vida cuando perdones a tu exmarido y lo liberes para siempre. Sobre el papel, lleváis tres años ya divorciados, y tu exmarido ha seguido avanzando y ha encontrado a otra persona. Sin embargo, en tu mente y en tu corazón, tú no has avanzado. Sigues aferrándote a aquella relación a través de la cólera y el resentimiento, y eso es lo que te tiene bloqueada. Por favor, perdona a todos los implicados en tu dolor y sigue adelante. Cuanto antes lo hagas, antes te liberarás y antes podrás encontrar un nuevo amor y una relación que te nutra y te llene.*

   ¡Pero Mary Margaret no se queda nada contenta con la respuesta!

   Mary Margaret: *¿Qué? ¡¡¡No!!! ¡Eso no responde a mi pregunta! ¡Eso no es lo que quiero escuchar! No pregunté acerca de mí. Pregunté acerca del amor de mi vida, y de cuándo lo voy a encontrar.*

Capte la idea: las preguntas predictivas y relacionadas con el tiempo no funcionan bien con los Registros Akásicos, ¡especialmente cuando el tema en cuestión puede llevar más de una vida para resolverse!

2. **Evite preguntas con respuestas de sí-o-no.**
Las preguntas que requieren una respuesta de sí-o-no no funcionan bien en los Registros, normalmente porque el resultado depende en última instancia de usted, porque ese resultado viene determinado por sus decisiones y sus circunstancias vitales. He aquí otro ejemplo, esta vez con otra persona ficticia: «Thomas».

Thomas: *Esta semana me han ofrecido un empleo. ¿Debería aceptarlo?*

Thomas espera ahora una sencilla respuesta con una sola palabra: *sí* o *no*. Sin embargo, los Maestros, los Profesores y los Amados tienen en mente una respuesta diferente. Ésta se basa en el hecho de que ellos saben que, con el fin de que Thomas se sienta verdaderamente satisfecho, la decisión debe de ser *suya,* y no *de ellos.* Thomas debe mirar en su interior y determinar quién es él, así como qué tipo de trabajo le gustaría realizar o qué tipo de trabajo desempeña mejor. Después, deberá considerar las ventajas y los inconvenientes inherentes tanto en su actual empleo como en el nuevo empleo que le ofrecen. Posteriormente, tendrá que decidir qué trabajo se adapta mejor a sus metas y a sus necesidades. Después de reflexionar cuidadosamente en todos estos factores, Thomas tendrá finalmente su respuesta; y, en ese punto, ya no va a necesitar ayuda exterior alguna, puesto que sabrá qué hacer. Así, en lugar de escuchar *sí* o *no* de boca de los Maestros, Profesores y Amados, puede que Thomas escuche algo parecido a esto:

MPA: *Bien, en primer lugar... ¿por qué estás tomando en consideración este empleo, y qué podría ocurrir si lo aceptas? Vamos a explorar por unos instantes las posibilidades del nuevo empleo, y luego vamos a sopesarlas con las realidades de tu actual empleo. En primer lugar, en relación con el empleo que se te ha ofrecido, ¿qué ventajas tendría aceptarlo? ¿Qué inconvenientes tendría? ¿Cómo encajan los requisitos de ese trabajo con tus actuales capacidades e intereses? ¿Están en sintonía con tus actuales necesidades? ¿Apoyarán tus objetivos futuros? Después, echaremos un vistazo a tu actual trabajo...*

Hay muchas más palabras que un *sí* o un *no.* Capte la idea también aquí: las preguntas de sí-o-no no funcionan bien en los Registros. Reducen el poder de las personas, al situar el proceso de toma de decisiones (y, en última instancia, el resultado) en manos de otro, cuando lo que hacen los Registros Akásicos es *dar* poder a las personas, al ayudarlas a examinar una situación, ver lo que es cierto y, luego, decidir por sí mismas qué es lo que les parece más correcto. En otras palabras, no existen *deberías* en los Registros. Sus Maestros, Profesores y Amados ampliarán su perspectiva y le ayudarán a sopesar sus opciones, pero no tomarán la decisión por usted ni le dirán lo que debe hacer. Como siempre, dejan la responsabilidad a quien le pertenece: a usted.

Nuestro desafío como seres humano en el planeta Tierra consiste en vivir en el instante presente en la medida de nuestras posibilidades. Cuando nos centramos en algún punto del futuro, o bien cuando dejamos que sea otro el que nos diga cómo deben ir las cosas, ni estamos en el presente, en un instante en concreto, ni somos responsables de nosotros mismos. Pero, cuando buscamos la perspectiva de los Maestros, los Profesores y los Amados, ellos nos ayudan a adquirir un mayor poder para que seamos lo que necesitamos ser en un momento dado.

El papel de los Registros Akásicos consiste en proporcionarnos verdad, información y apoyo. Así pues, si usted realmente necesita una respuesta relacionada con el tiempo, existen oráculos como los de los clarividentes, los echadores de cartas y los astrólogos que pueden serle de ayuda. Y si usted necesita una respuesta de *sí* o *no,* el péndulo funciona aquí especialmente bien.

3. **Intente formular preguntas con las palabras *qué, por qué o cómo.***
   Las preguntas que funcionan mejor con los Registros comienzan normalmente con *qué, por qué y cómo.* Por ejemplo, en lugar de preguntar, «¿Cuándo aparecerá mi compañera o compañero del alma?» o «¿Debería seguir con mi pareja?», inténtelo con una o más de las siguientes preguntas:
   - ¿Por qué estamos juntos mi pareja y yo?
   - ¿Qué es lo que se supone que tenemos que aprender?
   - ¿Qué ventajas y/o inconvenientes tiene el que estemos juntos en este momento?

- Nuestra relación es muy tensa / se ha roto / es irreparable. ¿Qué hemos hecho para llegar a este punto?
- ¿Qué es lo que no estoy viendo, y por qué no lo veo?
- ¿Cómo puedo cambiar mi perspectiva y darme cuenta de lo que necesito darme cuenta?
- ¿Qué puedo hacer ahora para encontrar la paz, el perdón y la sanación?

¿Qué debo esperar cuando abra mis Registros Akásicos por primera vez?

No existen dos personas que tengan la misma experiencia cuando abren sus Registros por vez primera, por lo que lo más aconsejable es que entre en su experiencia con las menores expectativas posibles. Ahora bien, una vez dicho esto, permítame que le diga unas cuantas cosas que *sí puede esperar*.

Lo primero que ocurrirá cuando acceda a sus Registros es que, mientras pronuncia la Oración de Apertura, usted va a salir de su habitual conciencia humana y va a entrar en la conciencia universal divina. Cuando abra sus Registros por vez primera puede que sienta este cambio de algún modo, o puede que no. Pero no se intranquilice porque, para cuando haya terminado la oración, el cambio habrá tenido lugar. Como ya comenté en el prefacio de este libro, este cambio no va a ser algo dramático, y no va a traer consigo ningún fenómeno extraño ni sensacional: no va a ponerse a hablar con otra voz, no se le van a volver los ojos del revés, ninguna entidad va a entrar en su interior y se va a hacer cargo de todo, ni se va a ir usted a ninguna parte durante el proceso. Usted seguirá siendo usted, como lo es siempre, y hablará de la manera que suele hacerlo. La única diferencia se hallará en lo que dirá, porque va a recibir información desde el campo akásico, que es una dimensión energética diferente.

En este punto, quizás se pregunte si alguna energía «negativa» o alguna entidad «oscura» puede entrar en su conciencia o atacarle mientras está en los Registros Akásicos. Mi respuesta es que *no*, inequívocamente no. Como entenderá cuando le hable de la oración, está invocando *exclusivamente* a las fuerzas de la Luz, y está invitando *únicamente* al Espíritu Santo de Dios. Así pues, es el poder de la Luz Divina y del Espíritu Santo el que le sostendrá y le protegerá de todo lo que no sea estrictamente de la Luz. ¿Sentirá usted la Luz? Puede que sí, puede que no. Pero, una vez más, puede tener la certeza de que le están aguantando firmemente en esa acelerada y extraña frecuencia, y de que no tiene absolutamente nada que temer.

¿Qué tipo de información obtendré y cómo la obtendré?

Cuando alguien accede a los Registros Akásicos obtiene todo tipo de información, si bien, en cierto aspecto, un aspecto importante, siempre ocurre lo mismo: que la persona a la que se le hace la lectura se eleva siempre. En la sección sobre preguntas que comienza en la página 57, ya he explicado los tipos de respuestas que no va a obtener usted de los Registros. Pero a eso me gustaría añadirle aquí que la información que le llegue en modo alguno va a hacer mofa de usted, ni le va a menospreciar, ni tampoco le va a juzgar. Si siente de pronto que se le enjuicia de algún modo mientras está en los Registros, sepa que eso procede de usted mismo. Pida ayuda a los Maestros, Profesores y Amados para que le muestren la verdadera esencia de su alma como ser espiritual divino.

En cuanto a *cómo* podría obtener la información, quizás descubra que, al principio, cuando empieza a abrir sus Registros, recibe la información solamente de una manera. Quizás sólo vea colores o escuche palabras, por ejemplo. Pero, al cabo de un tiempo, después de introducirse en los Registros una y otra vez, se incrementará su capacidad para mantenerse firme en la Luz, y podrá recibir información de cualquiera de las siguientes maneras:

- **Quizás «escuche» la información en su cabeza.** Pueden ser palabras, frases o una larga disertación (que uno de mis alumnos denomina *«streaming audio»*).[6] A veces, la gente me pregunta «a qué suenan» los Maestros, Profesores y Amados. Como sería de esperar,

6. El *streaming* es un término informático que hace referencia a archivos de audio o vídeo que se pueden ver u oír en una página web sin necesidad de descargarlos antes en el ordenador. *Stream* significa «arroyo», «corriente», «raudal», de modo que puede entenderse como la transmisión de información en una corriente continua hasta que se finaliza el proceso. *(N. del T.)*

«suenan» de un modo muy diferente de una lectura a otra, de un modo único y singular, de hecho, tan único y singular como la persona a la que se le hace la lectura. Así, hay veces en que su tono es formal, en tanto que otras suenan de un modo más informal. En ocasiones su tono es serio, y en otras contiene un tinte de humor. A veces hablan con metáforas, y a veces lo hacen de forma literal. En ocasiones utilizan el método socrático, respondiendo a tus preguntas con más preguntas, hasta que llegas a la respuesta por ti mismo. Sin embargo, siempre se muestran compasivos. Su discurso es objetivo, sin enjuiciar, al tiempo que facilitan el crecimiento y la sanación de tu alma.

- **Quizás «vea» usted cosas con el ojo de la mente.** Quizás vea colores, auras o campos de energía; imágenes, símbolos o formas; o un *«streaming video»* de un suceso en concreto.

- **Quizás experimente diversas sensaciones emocionales o físicas en su cuerpo.** Entre esas sensaciones puede haber hormigueos, agitación, calor, o frío, por ejemplo. Si recibe usted una sensación desagradable, simplemente reconózcala como tal. Sepa que no puede hacerle daño ni afectarle, y que no se va a quedar ahí durante mucho rato. Dé las gracias a los Maestros, Profesores y Amados por darle la información de este modo; hágales saber que ha recibido el mensaje; y pídales que detengan esas sensaciones.

De momento, tiene usted una visión general bastante aceptable de las directrices y las reglas básicas para la apertura de los Registros Akásicos, así como alguna información referente a los modos en los cuales podría recibir la información desde ellos. Ahora pasaremos al capítulo 3, en donde le ofreceré una exhaustiva información acerca de lo que puede esperar cuando abra sus Registros por vez primera. Pero, antes de que empiece a leer ese capítulo, dedique por favor unos instantes a reflexionar sobre lo que ha leído hasta este punto, y decida si este trabajo es para usted o no.

Si decide que trabajar en los Registros no va con usted, pásele por favor este libro a alguna otra persona a la que quizás podría apetecerle explorar los Registros. Si piensa que quizás podría trabajar con ellos algún día, pero siente que aún no ha llegado el momento, guarde este libro hasta que se sienta preparado o preparada para comenzar de nuevo. Si cree que está en disposición de trabajar con los Registros ya, le invito a seguir leyendo con el corazón y la mente bien abiertos. Como ya he dicho, trabajar con los Registros es una decisión completamente personal. Sólo usted sabe qué tipo de prácticas le irán mejor para su crecimiento y su autoridad espiritual, y cuándo estará en disposición de aplicarlas. Los Señores de los Registros comprenden esto perfectamente, y respetan en todo momento sus decisiones.

Capítulo 3

✦

EL PROCESO DE LA ORACIÓN DEL SENDERO

El Proceso de la Oración del Sendero para Acceder al Corazón de los Registros Akásicos es un procedimiento que le permite estar en relación consciente con los Registros Akásicos a fin de desarrollar su conciencia espiritual. Como su nombre indica, es un «sendero» vibratorio que se construye con las palabras y los sonidos de la oración. La Oración del Sendero tiende un puente energético, una ruta directa de acceso, hasta el Corazón de los Registros Akásicos.

Mientras usted pronuncia la Oración de Apertura, las vibraciones energéticas de los sonidos de sus palabras y frases construyen un puente de Luz que le permite cambiar sin contratiempos desde su conciencia humana ordinaria hasta la conciencia universal divina. Después, cuando pronuncie la Oración de Clausura, su conciencia regresará hasta que vuelva usted a ser «su viejo yo».

Desde el día en que recibí la Oración del Sendero desde mis Registros Akásicos no he vuelto a tener miedo. No he tenido miedo de explorar o de poner a prueba la oración o el Proceso de la Oración del Sendero en mí misma o con mis alumnos akásicos. Siempre he mantenido, y sigo manteniendo, un compromiso profundo por compartir con los demás cualquier recurso espiritual que me haya resultado beneficioso a mí, o bien a mis alumnos y mis clientes. Creo que la Oración del Sendero me llegó porque estaba dispuesta a llevarla lo más lejos posible para ver cuánto bien podía derivarse de ella. Sé que mi personal combinación de curiosidad y disposición, así como mi deseo de ser útil, me convirtieron

65

en una potencial candidata. También sé, no obstante, que si yo hubiera declinado esa oportunidad, la oración se le habría dado a otra persona porque, en el desarrollo de la humanidad, ha llegado el momento en que el Corazón Universal se abra y el Alma Universal dirija hacia la unificación y la elevación de todos, a través del corazón abierto de todas y cada una de las personas de nuestro planeta.

Cuando lea la Oración del Sendero, notará que su lenguaje es tradicionalmente cristiano. Dado que este detalle podría generar susceptibilidades en el caso de algunas personas, me gustaría dedicar unos momentos a explicar las palabras de la oración y su contexto. La oración me llegó en el Medio Oeste de Estados Unidos, en el hemisferio occidental del planeta. Sus palabras reflejan el lenguaje y las ideas más familiares en esta región, debido a que lo que se pretende es que la oración sea lo más accesible posible a la población general. *Dios* es una palabra común que identifica a la Presencia Divina en esta parte del mundo. Y cuando uso las palabras *Espíritu Santo,* me estoy refiriendo al Espíritu de Dios, en contraposición a cualquier personalidad individualizada o personificación de la Fuerza Divina.

Más abajo encontrará una versión con anotaciones de la Oración del Sendero, que podrá utilizar para acceder a sus propios Registros y leerlos. Estas anotaciones no sólo explican el significado de la oración, sino también lo que sucede mientras usted lee cada línea de la oración. En la página 74, encontrará una versión de esta oración reimpresa sin notas. Ésta es la versión que puede usted señalar y utilizar para abrir sus propios Registros en el futuro. De momento, no obstante, le resultará más útil leer en primer lugar la versión con anotaciones, para que pueda aprender el proceso de lectura de sus propios Registros. (En el siguiente capítulo, veremos la oración que utilizará usted para las lecturas akásicas de otras personas, que varía ligeramente con respecto a la oración que figura más adelante.)

Una vez haya leído y comprendido la oración, estará en disposición de abrir sus propios Registros por vez primera. En esta ocasión no tendrá que hacer ninguna pregunta; simplemente, sienta la energía durante varios minutos; aclimátese a las sensaciones que le llegan y observe. Posteriormente, cuando cierre sus Registros, le guiaré a lo largo de un ejercicio durante el cual abrirá sus Registros de nuevo y podrá formular una pregunta.

Explicación del Proceso de la Oración del Sendero: la lectura para uno mismo

El Proceso de la Oración del Sendero para Acceder al Corazón de los Registros Akásicos

ORACIÓN DE APERTURA:

Cuando haga la lectura para sí mismo o sí misma, diga esta parte en voz alta:

1. Y así reconocemos a las Fuerzas de la Luz,

2. pidiendo guía, dirección, y coraje para conocer la Verdad,

3. en tanto ésta se revele por nuestro mayor bien y el mayor bien de

4. todos los que están conectados con nosotros.

En la primera línea de la oración, tanto su *ser finito* (la persona que es usted en esta vida) como su *ser infinito* (su alma eterna) están invocando a los reinos superiores de la Luz y poniéndose en sintonía con ellos. De este modo, usted establece una conexión con los Registros Akásicos a través de un pilar vertical de Luz. Esta conexión se inicia en un punto que se encuentra alrededor de 45 centímetros por encima de su cabeza, en el octavo chakra. Este chakra, que se conoce también como chakra del alma, es el punto de interconexión entre el plano del alma y el plano físico. Cuando la Luz pasa a través de su octavo chakra y desciende al séptimo chakra, se hace más densa, y adquiere forma. En el momento que la Luz llega al séptimo chakra, su vibración es lo suficientemente densa como para que usted pueda discernirla como el Registro vibratorio exclusivo de su alma individual. Entre la línea 2 y la 4, usted pide tres cosas: guía, dirección y el coraje necesario para recibir de forma voluntaria y sin miedo la Verdad (nada de predicciones), haciendo para ello acopio de sus mejores capacidades y por el mayor bien de todo el mundo.

5. Oh, Espíritu Santo de Dios,

6. protégeme de toda forma de egocentrismo,

7. y dirige mi atención al trabajo que tengo entre manos.

El miedo, el darse demasiada importancia y el egoísmo (buscar la validación y la aprobación para reforzar a un yo agitado) son sus peores enemigos en los Registros. Ellos magnetizan las distracciones y reducen su capacidad para mantenerse firme en la Luz y recibir información. Cuando usted pronuncia las frases de las líneas 5 a 7, el Espíritu Santo le ayuda a sacar el foco de atención de sí mismo y de su actuación, y le permite enfocarse en la lectura de los Registros. Al no dejarle que se distraiga con preocupaciones personales, se convierte en la protección de la que se habla en la línea 6; porque, si su enfoque es el adecuado mientras está en los Registros, no hay posibilidad alguna de caer presa de influencias externas. Usted será inmune a todo lo que no provenga de la Luz, siempre y cuando permanezca en un modo de servicio ante la persona cuyos Registros está leyendo. (En ese momento, usted está haciendo una lectura para sí mismo, pero más adelante podrá hacer lecturas para otras personas.)

Al mantener la atención enfocada en la lectura, usted permanece también arraigado en el presente, con lo cual se mantiene firme en el pilar de la Luz y permite que la información y la lectura fluyan.

8. Ayúdame a conocerme a mí mismo (mí misma) a la Luz de los Registros Akásicos,

9. para poder verme a través de los ojos de los Señores de los Registros,

10. y para que comparta la sabiduría y la compasión que mis Maestros, mis Profesores

11. y mis Amados sienten por mí.

Cuando pronuncia las frases de las líneas 8 a 11 en voz alta, le está pidiendo al Espíritu Santo que le ayude a verse a sí mismo como es visto, conocido y amado en los Registros Akásicos. Utiliza las palabras *mí mismo* y *mi* porque se está refiriendo a sí mismo tal como es a diario en la dimensión física.

Conviene tener una idea clara de con quién está tratando cuando navega en los Registros. Éste es un buen momento en nuestro proceso para examinar quiénes son los Señores de los Registros, los Maestros, los Profesores y los Amados, así como para conocer sus papeles y sus responsabilidades dentro del Akasha.

Los Señores de los Registros

Los Señores de los Registros son un grupo de Seres de Luz que trabajan en el nivel universal, en lugar de hacerlo con almas individuales. Los Seres de Luz son seres no físicos que están implicados en todos los niveles de la conciencia, y que revigorizan y generan una cualidad superior de Luz en todos los rincones del Universo. Con el tiempo, esta cualidad superior de Luz se traduce en una mejora en la calidad de vida de todos los seres humanos, al tiempo que incrementa el potencial de comprensión de las verdades superiores acerca de uno mismo y de los demás.

Los Señores de los Registros son los responsables de mantener la integridad y la incorruptibilidad de los Registros Akásicos; y, como tal, son ellos los que deciden quién puede y quién no puede acceder a los Registros. También deciden qué información se revelará durante una lectura en concreto. Una vez toman esa decisión, les dan la información a los Maestros, Profesores y Amados del alma que está buscando guía, o bien, en ocasiones, retienen la información, si sienten que no va a ser beneficioso revelarla o no es el momento adecuado para ello. Ése es el motivo por el cual hay veces en que no obtenemos respuestas cuando hacemos determinadas preguntas. (Si usted ha llegado hasta este punto del libro es porque los Señores de los Registros han decidido que ha llegado el momento de que acceda a los Registros Akásicos.)

Los Maestros

Los Maestros son también un grupo de Seres de Luz. Al igual que los Señores de los Registros, nunca han estado en un cuerpo físico. Pero, a diferencia de los Señores, que trabajan a nivel universal, éstos trabajan con almas individuales. Sus Maestros particulares han estado con usted desde la concepción de su alma, y son los responsables del crecimiento y el desarrollo de ésta. Dicho de otra manera, son los responsables de llevarle a usted al sendero y de mantenerle allí. En el momento de la concepción de su alma, usted eligió, junto con sus Maestros, el plan de aprendizaje de su alma a lo largo del tiempo: «Mi alma aprenderá estas lecciones en concreto, a medida que toma conciencia de sí misma como Dios». Basándose en las lecciones que su alma decide que va a experimentar, sus Maestros convocarán a determinados Profesores y Amados para que le ayuden a usted a dominar esas lecciones en diversas situaciones y vidas. Así, en función de la lección con la que esté trabajando en un momento dado, cuando abre sus Registros para hablar de ello, sus Maestros convocan a los Profesores y Amados que mejor pueden ayudarle. Y, del mismo modo que usted puede tener más de un Maestro, cada Maestro puede tener también más de un alma a su cargo.

Los Profesores

Los Profesores pueden haber tenido previamente un cuerpo físico, aunque no necesariamente. A diferencia de sus Maestros, sus Profesores no están con usted a lo largo de toda la existencia de su alma, puesto que acuden en su ayuda en función de la lección que tiene que aprender: cada uno de ellos le acompaña sólo durante el tiempo que precise para aprender una lección en concreto e integrar la conciencia de ese Profesor, sea durante determinado período en una única vida o a lo largo de varias encarnaciones. Una vez ha aprendido la lección y ha integrado la conciencia de ese Profesor o de esos Profesores, éstos pasan a trabajar con otras almas.

Si sus Profesores tuvieron forma física alguna vez, bien pudieron ser «personas normales» durante su existencia en la Tierra; también pudieron ser personas «importantes», como Jesús, Buda o la Madre Teresa. Sea como sea, sus Profesores akásicos prefieren mantener el anonimato a fin de no alimentar su dependencia de ellos, o de su identidad terrestre. Como verá más adelante, esto ocurre también con los Amados. Dado que los Registros Akásicos pretenden ser un sendero hacia la madurez emocional y espiritual, el trabajo de sus Maestros, Profesores y Amados consistirá en ayudarle a desarrollar la confianza en *la esencia y la energía divinas* de los Registros, en lugar de en un ser o identidad en concreto.

Los Amados

Los Amados son personas que usted conoció en esta vida, pero que fallecieron. Aunque están comprometidos con el crecimiento y la evolución de su alma, sus Amados no están necesariamente conectados con usted a nivel emocional. Pueden haber sido familiares lejanos o conocidos que le observaron desde la distancia mientras estaban con vida, pero que, tras la muerte, optaron por apoyarle activamente y servirle. Al igual que sus Profesores, sus Amados prefieren que no se les identifique, para que no se haga usted dependiente de ellos como las personalidades que conoció en esta vida. Sin embargo, *sí* que se le revelarán durante una lectura si sienten que el hecho de que usted les reconozca puede ser de ayuda en ese momento. Pero debe tener en cuenta que, aun cuando den un paso adelante, no son ellos los que dirigen la lectura. Lo que hacen es algo así como dar un paso adelante para decir «hola» e, inmediatamente, volver a su sitio de nuevo.

Todas las personas tienen Amados akásicos, incluso las almas cuyos cuerpos terrestres murieron al nacer o sólo vivieron durante un breve período de tiempo. En tales casos, los miembros previamente fallecidos del linaje ancestral de esa alma (un abuelo, por ejemplo) cumplirán el papel de Amados de esa persona.

Ahora que ya sabemos con quiénes nos vamos a encontrar en los Registros, volvamos a la oración.

Lea esta parte en silencio, para sí mismo:

12. Ayúdame a conocer a *(su nombre legal actual)* a la Luz de los Registros Akásicos,
13. para ver a *(su nombre legal actual)* a través de los ojos de los Señores de los Registros,
14. y para que pueda compartir la sabiduría y la compasión que los Maestros, los Profesores
15. y los Amados de *(su nombre legal actual)* tienen para *(él o ella)*.
16. Ayúdame a conocer a *(su nombre legal actual)* a la Luz de los Registros Akásicos,
17. para ver a *(su nombre legal actual)* a través de los ojos de los Señores de los Registros,
18. y para que pueda compartir la sabiduría y la compasión que los Maestros, los Profesores
19. y los Amados de *(su nombre legal actual)* tienen para *(él o ella)*.

Mientras lee en silencio, para sí, las frases de las líneas 12 a la 19, está entrando en un estado de conciencia expandida. Este estado está anclado en la dimensión física, pero puede registrar las impresiones y las vibraciones, más sutiles, de la dimensión de los Registros Akásicos. Simultáneamente, también ocurre esto:

- La vibración de su nombre legal actual invoca los Registros de su alma, que son puestos ante los Señores de los Registros, quienes a su vez se los pasan a sus Maestros, Profesores y Amados. Y éstos, a su vez, «descargan» la información específica que va a necesitar para esta lectura en concreto.

- La energía del Corazón de los Registros Akásicos baja a través de su coronilla y registra su vibración en lo más profundo de su centro del corazón. El centro de su corazón es su «lugar receptor» de la información que usted recibirá de los Registros. Cuando este anclaje energético queda fijado, también se completa el cambio de su conciencia.

En las líneas 15 y 19 usted utiliza la palabra *él* o *ella* en lugar de *mi* porque está pidiendo información acerca de la persona que es en esta vida, *así como* de todas las identidades que su alma ha tenido a lo largo de su existencia. Así, mientras dure la lectura, habrá una ligera distinción entre su ser finito, como lector/observador, y el alma infinita cuyos Registros se leen.

Anuncie la apertura de los Registros diciendo en voz alta:

20. Los Registros están ahora abiertos.

Su cambio de conciencia se ha completado. Ahora tiene acceso a sus Registros Akásicos y a sus Maestros, Profesores y Amados.

ORACIÓN DE CLAUSURA:

Cuando esté en disposición de terminar su sesión en los Registros, diga esto en voz alta:

21. Me gustaría darles las gracias a los Maestros, los Profesores y los Amados
22. por su amor y su compasión.
23. Me gustaría darles las gracias a los Señores de los Registros Akásicos por su punto de vista.
24. Y me gustaría darle las gracias al Espíritu Santo de Luz por todo el conocimiento y la sanación.
25. Los Registros están ahora cerrados. Amén.
26. Los Registros están ahora cerrados. Amén.
27. Los Registros están ahora cerrados. Amén.

El hecho de que se nos conceda el acceso a los Registros Akásicos es tanto un honor como un privilegio, y no debería tomarse a la ligera. Como no podría ser de otra manera, usted querrá expresar su gratitud a todos los Seres de Luz que han hecho posible su experiencia.

Del mismo modo que hace falta un poco de tiempo para que lleve a cabo el cambio desde su estado ordinario de conciencia, también se precisa de un tiempo para volver a él. Este cambio, o transición, es como una especie de viaje; y cada viaje tiene un principio, una parte media y un final. Lo que se dice en la línea 25 señala el principio del cambio; lo que se dice en la línea 26 señala la parte media; y lo que se dice en la línea 27 señala el final.

Una vez haya cerrado los Registros, no olvide conectar con la tierra, arraigar, del modo que mejor se le acomode. (*Véase* la página 53 si desea algunos ejemplos.)

Como ya he mencionado anteriormente, esta oración se le ofrece de nuevo a continuación en esta misma página, de modo que puede utilizarla para abrir y cerrar sus Registros.

El Proceso de la Oración del Sendero para Acceder al Corazón de los Registros Akásicos cuando hace una lectura para sí mismo o sí misma

ORACIÓN DE APERTURA:

Cuando haga la lectura para sí mismo o sí misma, diga esta parte en voz alta:

Y así reconocemos a las Fuerzas de la Luz,
pidiendo guía, dirección, y coraje para conocer la Verdad,
en tanto ésta se revele por nuestro mayor bien y el mayor bien de
todos los que están conectados con nosotros.

Oh, Espíritu Santo de Dios,
protégeme de toda forma de egocentrismo,
y dirige mi atención al trabajo que tengo entre manos.

Ayúdame a conocerme a mí mismo (mí misma) a la Luz de los Registros
    Akásicos,
para poder verme a través de los ojos de los Señores de los Registros,
y para que comparta la sabiduría y la compasión que mis Maestros, mis
    Profesores y mis Amados sienten por mí.

Lea esta parte en silencio, para sí mismo:

Ayúdame a conocer a *(su nombre legal actual)* a la Luz de los Registros
  Akásicos,
para ver a *(su nombre legal actual)* a través de los ojos de los Señores de
  los Registros,
y para que pueda compartir la sabiduría y la compasión que los Maestros, los
  Profesores y los Amados de *(su nombre legal actual)* tienen para *(él* o *ella).*
Ayúdame a conocer a *(su nombre legal actual)* a la Luz de los Registros
  Akásicos,
para ver a *(su nombre legal actual)* a través de los ojos de los Señores de
  los Registros,
y para que pueda compartir la sabiduría y la compasión que los Maestros,
  los Profesores y los Amados de *(su nombre legal actual)* tienen para *(él*
  o *ella).*

Anuncie la apertura de los Registros diciendo esto en voz alta:

Los Registros están ahora abiertos.

ORACIÓN DE CLAUSURA:

Diga esto en voz alta:

Me gustaría darles las gracias a los Maestros, los Profesores y los Amados
por su amor y su compasión.
Me gustaría darles las gracias a los Señores de los Registros Akásicos por
  su punto de vista.
Y me gustaría darle las gracias al Espíritu Santo de Luz por todo el conocimiento y la sanación.

Los Registros están ahora cerrados. Amén.
Los Registros están ahora cerrados. Amén.
Los Registros están ahora cerrados. Amén.

✦

Para una versión condensada del Proceso de la Oración del Sendero, véase el
Apéndice, en página 175.

Llegado a este punto, quizás se pregunte usted qué relación guardan con los Registros Akásicos los ángeles, los santos, los guías espirituales y otros Seres de Luz de los que haya podido oír hablar. Dado que el Akasha es el Todo Cuanto Existe, la sustancia primaria de la cual se origina todo, los Seres de Luz como ángeles y santos tienen su existencia dentro del Akasha. Sin embargo, viven en, y están sustentados por, un reino diferente de los Registros Akásicos. Aunque su *energía* tiene su existencia en el Akasha, estos particulares Seres de Luz no son directamente accesibles a través de los Registros Akásicos; esto se debe a que su trabajo es diferente del trabajo de los Maestros, Profesores y Amados.

Como dije antes, el papel de los Maestros, Profesores y Amados consiste en darnos apoyo para que asumamos la responsabilidad personal de nuestras vidas. Cuando trabajamos en los Registros Akásicos, el poder y la energía de los Registros se mueve *a través* nuestro; después, tomamos la información y la claridad que recibimos y la utilizamos para cuidar de nosotros mismos. Así, en cierto modo, nosotros trabajamos en los Registros con el fin de aprender a «educarnos» a nosotros mismos. Y, a la inversa, cuando invocamos a los ángeles, a los santos y a otros Seres de Luz para pedirles su ayuda y su protección, les entregamos a ellos el poder y la responsabilidad, y son ellos los que cuidan de nosotros y nos educan. Elija usted la opción que elija, se trata de una situación de ganar-ganar, porque ¿qué cree usted que sustenta al reino de los ángeles y al de todos los demás Seres de Luz? Exacto: ¡el Akasha, el Todo Cuanto Existe!

Los ángeles y los santos

¿En qué se diferencian los ángeles y los santos de los Maestros, Profesores y Amados akásicos? Echemos una ojeada más de cerca.

Los ángeles

Los ángeles son similares a los Maestros akásicos en el sentido en que ambos grupos trabajan directamente con las personas a título individual. La diferencia entre ambos grupos es, no obstante, que, en tanto que los Maestros akásicos no tienen identidades individuales, los ángeles tienen identidades, personalidades y poderes muy específicos. Así, una persona puede invocar a un ángel en concreto, como Miguel, Rafael o Ariel, y pedirle a ese ángel que utilice sus exclusivos poderes para que le ayude en una necesidad específica. En tanto que cualquier persona puede pedir ayuda a los ángeles en cualquier momento, hay personas que tienen una elevada clarividencia y pueden acceder al reino angélico y mantener lo que podríamos llamar «conversaciones en dos sentidos» con los ángeles.

Los santos

Los santos funcionan de un modo muy parecido al de los Profesores akásicos. Mientras que los Profesores pueden haber tenido o no un cuerpo físico y suelen ser inidentificables en los Registros, todos los santos vivieron alguna vez en la Tierra y tienen identidades y papeles específicos. Del mismo modo que las personas buscan ayuda de ángeles específicos, hay gente que también busca la ayuda de santos específicos.

La lectura de sus Registros Akásicos por primera vez

Ahora que ya comprende el Proceso de la Oración del Sendero es cuando está en disposición de abrir sus Registros. En primer lugar, busque un lugar tranquilo donde tenga la certeza de que no le va a interrumpir nadie. Después, céntrese y conecte con la tierra. La mejor manera de centrarse y de arraigar cuando uno se prepara para trabajar con los Registros consiste en utilizar la meditación del Pilar de Luz (*véase* la página 31). Esta meditación en concreto introducirá un estado de equilibrio razonable en su interior, y un sólido estado de equilibrio en su entorno.

Cuando termine la meditación, respire profundamente unas cuantas veces y comience a enfocar su atención en el trabajo que le ha traído ahí. Lea la Oración de Apertura de la página 74, tal como se indica. No haga preguntas de inmediato después de decir, «Los Registros están ahora abiertos». En vez de eso, permanezca en su sitio durante un rato y observe lo que ocurre. Dado que su primera experiencia en los Registros será completamente nueva y única, intente no juzgarla. Puede estar seguro de que vivirá una experiencia perfecta, teniendo en cuenta quién es usted y qué necesita en este momento. Recuerde que los Señores de los Registros le conocen y le aman desde que nació su alma. Por tanto, alimente la certeza de que ellos le han dicho a sus Maestros, Profesores y Amados cuál es exactamente la mejor manera de darle la bienvenida en los Registros.

Después de dedicar alrededor de cinco o diez minutos a sus Registros, lea la Oración de Clausura de la página 75, tal como se indica. Convendrá que, después de esto, tome contacto con la tierra de nuevo. Después, tómese un poco de tiempo para contemplar su experiencia y/o escribir algunas notas acerca de ella. (Como he mencionado anteriormente, el motivo de arraigarse en la tierra consiste en reenfocarse en la tierra física y en su vida cotidiana, para que usted se halle plenamente presente en todo cuanto ocurra a su alrededor.)

La diferencia entre los Registros Akásicos y la intuición

Después de acceder a los Registros Akásicos por vez primera, los nuevos alumnos suelen preguntar cuál es la diferencia entre recibir información en los Registros y escuchar a la propia intuición. Entre las preguntas más habituales están éstas:

- ¿Existe alguna diferencia entre abrir mis Registros para obtener información y pedirle esa información a mi intuición?
- Si *existe* alguna diferencia, ¿en qué consiste?
- ¿Es mejor una forma que otra?

La respuesta breve es que sí, que existe una diferencia. Y usted puede experimentarlo de primera mano con el siguiente ejercicio.

Ejercicio: **Los Registros Akásicos y la intuición**

Primera parte: El acceso a su intuición

- Piense en una pregunta que le haya acosado mucho recientemente, algo relevante y «vivo» en su vida justo en estos momentos. Cuando formule su pregunta, recuerde que preguntar *cómo, qué* o *por qué* le permitirá obtener una respuesta más completa que formulando una pregunta del tipo de sí-o-no.
- Escriba su pregunta en una hoja de papel, dejando mucho espacio debajo para tomar nota de la respuesta.

- Después, acceda a su intuición y haga la pregunta. (Si la palabra *intuición* le intimida, llámela de cualquier otra manera. Piense en ella como su Yo Superior, su sabiduría interna, su voz interior, su corazonada, cualquier cosa que le permita «sintonizar» y recibir una respuesta a su pregunta.) Escriba la respuesta a medida que le vaya llegando, o bien reciba la respuesta primero y escríbala más tarde.

Segunda parte: El acceso a sus Registros Akásicos

- Una vez sienta que la respuesta de su intuición está completa, vaya a la página 74 y pronuncie la Oración del Sendero para acceder a sus Registros Akásicos. Después de decir, «Los Registros están ahora abiertos», formule a sus Maestros, Profesores y Amados la misma pregunta que le formuló a su intuición. También aquí, puede escribir la respuesta a medida que la recibe o puede recibirla primero y escribirla después.
- Cuando termine de escribir, retome la otra respuesta y compárelas. ¿Son casi iguales? ¿Son claramente diferentes? ¿Alguna de las respuestas le sorprende? ¿Por qué, o por qué no?

Después de hacer este ejercicio en clase, mis alumnos comparten algunas historias interesantes. Algunos de ellos dicen que recibieron respuestas similares de su intuición y de sus Registros. Pero son muchos más los que dicen que obtuvieron respuestas diferentes... diferentes, pero no conflictivas entre sí. Para ayudar a ilustrar este punto, he aquí un caso real, el de las respuestas que obtuvo Julie en cada ocasión en que hizo la pregunta.

Julie: *Cuando mi marido, Adrian, se aficionó al tiro con arco, pensé que estaría bien. Es un deporte que exige enfoque, precisión y habilidad, y parecía que sería algo que se le iba a dar bien. Pues bueno, se le dio bien... y con rapidez. Poco después, no obstante, ya no se conformaba con disparar las flechas a un blanco de papel. Quería ir a cazar ciervos. ¡Me quedé atónita, horrorizada, no me lo podía creer! ¿Cómo podría darle muerte a unas criaturas tan hermosas? ¿Quién iba querer matar a Bambi, y mucho menos cocinarlo y comérselo? Aquello me generaba un gran malestar. No quería desanimar a mi marido, pero yo «objetaba conscientemente» su*

entusiasmo sobre lo que consideraba una nueva y absurda pasión.
Adrian se fue de caza por vez primera este mismo fin de semana. Mien-
tras se iba en su auto, intenté sentirme mejor diciéndome que no tendría
la suficiente habilidad como para cazar un ciervo en su primera salida...
bien, pues que me zurzan si no cazó un ciervo ayer. Así pues, mi pregun-
ta hoy no es nada fácil: siento un gran malestar ante la idea de que mi
marido quiera cazar ciervos. ¿Qué hay tras mi malestar?

Siguiendo mis instrucciones, Julie escribió su pregunta. Después, le
pidió a su intuición una respuesta, y he aquí lo que obtuvo.

La intuición de Julie: *El motivo por el cual te sientes tan mal ante la idea*
de que tu marido se vaya a cazar ciervos es que tú nunca podrías matar
a un animal por deporte. Tú ves a los animales como criaturas sagradas,
cada una con un lugar propio y un propósito en el planeta. ¿Cómo puede
alguien ocultarse durante horas entre los árboles, esperando a que pase un
ciervo, para luego arrebatarle la vida en un instante? Adrian dice que sus
motivos no son maliciosos ni egoístas, que caza al ciervo por su carne. Y
dice que le dio las gracias al animal por haber dado su vida, y le prometió
que no la desperdiciaría. También cree que está ayudando a controlar
la población de ciervos, que de ese modo no habrá cientos de ciervos que
mueran de hambre durante el invierno. Pero, por válidas y justificables
que puedan ser todas esas razones, matar a un ciervo con un arco y una
flecha es algo que tú no podrías hacer. Además, tú nunca has querido
comer carne de ciervo, de modo que no vas a comenzar ahora.

Tras darle las gracias a su intuición, Julie abrió sus Registros Akásicos
y, luego, hizo la misma pregunta a sus Maestros, Profesores y Amados.

Julie: *Me provoca un gran malestar el hecho de que mi marido se vaya a*
cazar ciervos. ¿Qué hay tras ese malestar?

Mientras Julie escuchaba a sus Maestros, Profesores y Amados, éstos
le explicaron lo que estaba pasando. Y perdón por la expresión, ¡pero dieron en el clavo! He aquí lo que le dijeron.

MPA de Julie: *¡Vamos, Julie, no te engañes a ti misma! Tú comes pollo, comes pavo, comes pescado, y comerías sushi todos los días si pudieras. ¿De dónde crees que viene toda esa carne? Y gran parte de esos animales son sacrificados de un modo mucho menos humano que el modo en que tu marido mató al ciervo. Tu objeción a la caza de Adrian no tiene nada que ver con el hecho de matar y comerse a un animal. Observa tu malestar desde una perspectiva diferente, no desde el contexto de la caza en sí, sino desde el contexto de cómo afecta la caza a tu relación con él. ¿De qué te estás quejando tanto últimamente?*

Julie respondió mentalmente que su marido y ella no estaban pasando juntos tanto tiempo como a ella le gustaría.

MPA de Julie: *Sí. Te gustaría que tanto él como tú no estuvierais tan ocupados, y pudierais veros con más frecuencia. Y, respecto a Adrian, ¿cuál es uno de tus mayores temores?*

Julie respondió que su mayor temor era que le ocurriera algo a Adrian, que temía perder al amor de su vida.

MPA de Julie: *Sí, ése es uno de tus miedos más grandes... perder al amor de tu vida. ¿Te das cuenta ahora de lo que hay tras tu malestar? Crees que Adrian tiene demasiadas aficiones e intereses, y que todo eso lo aleja de ti. Y ahora encuentra otra afición más en la que perderse. El hecho de que se vaya de caza no sólo le aleja de ti durante largos períodos de tiempo, sino que también tiene sus riesgos y peligros, con lo cual alcanza también a tus miedos: ¿Qué pasaría si tiene un accidente de automóvil durante uno de esos largos viajes de cacería? ¿Qué pasaría si se cayera de su puesto de observación en un árbol y se hiriera gravemente? ¿Qué pasaría si nadie le encontrara y no llevara consigo el teléfono? ¿Qué pasaría si otro cazador les disparara a él una flecha y lo mutilara, o algo peor? ... ¿Te das cuenta, Julie? Tu malestar tiene poco que ver con el ciervo en sí, y mucho que ver con tu miedo. Tú no quieres perder a tu «querido» Adrian, ni siquiera durante un fin de semana. No quieres desperdiciar más tiempo lejos uno del otro, especialmente con una «nueva y absurda pasión» que pudiera amenazar la seguridad de tu marido.*

Y hablando de nuevas y absurdas pasiones: ese hombre siempre te está apoyando, Julie. De todas las maneras posibles, él es tu mayor fan, tu mayor animador. De modo que, ¿por qué no le apoyas tú a él del mismo modo que él te apoya a ti? No es necesario estar de acuerdo con lo que él esté haciendo, pero no le hagas sentirse mal por este nuevo interés, porque en realidad no es tanto una cuestión de «ciervos» como de «querido».[7] Comparte con tu marido lo que te preocupa su seguridad, y haz que te prometa que llevará el teléfono móvil en el bolsillo, con la batería bien cargada. Y, además de compartir tus preocupaciones, reconoce la verdad que hay tras todo esto. Que le amas profundamente, que te encanta estar con él, y que le echas de menos cuando no está. Pero, de momento, también sabes esto: que no hay afición ni pasión que sea capaz de hacerle sombra a la pasión que sentís el uno por el otro. En especial, si sois felices individualmente, seréis felices como pareja. Después de todo lo que habéis pasado para estar juntos, nadie va a ir a ninguna parte, y ésa es la verdad. Simplemente, sé consciente de esto y relájate.

Así pues, ahí tiene usted dos ejemplos claros de las respuestas que obtuvo Julie de su intuición y de los Registros. Observe que la segunda respuesta no entra en conflicto con la primera. Simplemente, aborda la situación desde una perspectiva diferente, y le añade más detalles. En tanto que la intuición de Julie enfocó la pregunta desde una perspectiva más estrecha e inmediata, la respuesta que obtuvo de los Registros procedía de un contexto más amplio e «histórico». (Si hubiera sido necesario, ese contexto histórico podría haber sido el de otra vida. Sin embargo, para esta respuesta en concreto, el contexto histórico se remontaba a unas pocas décadas.)

Veamos los dos métodos por separado, comenzando por la intuición. La información intuitiva es inherente al yo. Reside en la chispa divina interna. Es usted mismo, estableciendo contacto con esa chispa dentro de sí, y las respuestas y la información que recibe guardan relación con lo que está sintiendo o experimentando en ese momento en concreto. Dado que usted sólo es capaz de ver las cosas desde su limitada perspectiva hu-

7. *Deer* («ciervo») y *dear* («querido») son, fonéticamente, muy similares en inglés. *(N. del T.)*

mana, lo que recibe está en el aquí y el ahora, en este momento y en esta vida. Así, las respuestas que obtiene resuelven problemas inmediatos, o le ayudan a comprender aquellas «corazonadas» o pensamientos que le llegan como «rayos caídos del cielo». Pero, dependiendo de lo mucho o poco que usted confíe en su intuición, esas respuestas pueden ser en ocasiones erráticas o poco claras, o puede que ni siquiera haya una respuesta. Y, cuando la hay, quizás no sepa de dónde procede, por lo que no necesariamente provocará un efecto duradero, basado en un conocimiento más grande.

No obstante, la intuición ocupa un lugar muy importante. Es su intuición la que le impulsa a usted a *girar aquí* para evitar un accidente o un atasco de tráfico. O bien le dice, *No te vayas de casa todavía,* con el fin de que pueda usted atender una importante llamada telefónica. O, en ocasiones, puede tener una corazonada que dice, *¡Rápido! ¡Esto precisa de toda tu atención, y ya!,* ayudándole así a evitar a una persona o una situación que no le va a traer ningún bien.

Ahora, echemos un vistazo a los Registros. La sabiduría akásica procede de fuera del yo o de más allá de él. Es un contacto con su conciencia divina, de modo que las respuestas y la información que usted obtiene proceden de una perspectiva que abarca a todo el Universo y que cubre todas las vidas que ha vivido su alma. Así, cuando obtiene un «impacto» intuitivo acerca de algo cuyas razones se le escapan (o, alternativamente, si no obtiene ningún impacto intuitivo en absoluto), siempre puede acceder a sus Registros para aclarar la situación. Cuando lo haga, sus Maestros, Profesores y Amados le proporcionarán información con la cual podrá abordar el problema o la pregunta de una forma mucho más completa, viéndolo desde diferentes ángulos. Y con esa nueva información y perspectiva, podrá cambiar de idea y manejar las cosas de un modo más efectivo; y, en muchos casos, transformarlas radicalmente para bien.

Una manera de ver la diferencia entre la intuición y los Registros consiste en imaginar que es usted un actor en escena. Cuando utiliza la intuición, se encuentra bajo la luz de un único foco. Aunque el foco le ilumina en su actual vida, no ilumina el resto del escenario (es decir, todas las vidas que su alma ha vivido). Sin embargo, cuando accede a sus Registros Akásicos, el «Divino Director» le da a un interruptor e ilumina con su Luz todo lo que hay a su alrededor. ¡De repente, usted ve mucho más! Puede ver quién más está implicado en una «escena» en concreto (un tema kár-mico), y cómo le ha estado afectando lo que ha dicho o hecho, tanto en esta vida como en otras, si es el caso. En ese momento de iluminación usted se ve libre para decidir si le gustaría cambiar la escena, cambiando para ello las siguientes líneas y acciones del guión.

Del mismo modo que la esfera akásica sustenta a los ángeles, a los san-tos y a otros Seres de Luz, que tienen sus propios papeles y propósitos, los Registros Akásicos sustentan también su intuición, que tiene asimismo su propio papel y propósito. Dicho de otro modo, si los Registros Akási-cos fueran un océano de información, sus atisbos intuitivos serían como gotas de agua de ese amplio y profundo océano, procedentes del mismo océano, con sus mismos contenidos, pero con un tamaño y un alcance mucho más pequeño.

Preguntas y preocupaciones habituales respecto a los Registros Akásicos

Cuando la gente empieza a trabajar con los Registros Akásicos es normal que haya dudas, tanto en lo relativo a uno mismo como en lo relativo al proceso. «¿Realmente, es tan sencillo? –preguntan–. ¿Cómo puedo estar segura de que estoy en los Registros? ¿Acaso tengo derecho incluso a estar ahí? ¿Soy lo suficientemente digna de ello? ¿Tengo los dones necesarios para ello, la intuición necesaria? ¿Viene toda esa información de los Maestros, los Pro-fesores y los Amados... o son todo desvaríos míos?» Consideremos estas preguntas de una en una.

¿Realmente, es tan sencillo?
A la primera de todas, sí. Su parte del proceso, el decir la Oración del Sen-dero de un modo plenamente consciente y con una intención deliberada, es ciertamente simple. Pero no olvide que el acceso a los Registros Akásicos no es un proceso que usted realiza en solitario. Le implica a usted, a las Fuerzas de la Luz, al Espíritu Santo de Dios, a los Señores de los Registros, y a los Maestros, Profesores y Amados. Cuando usted viene y hace su par-te, todos esos Seres de Luz vienen también. Y ellos mueven literalmente el cielo y la tierra para ayudarle a cambiar de conciencia y a acceder a los

Registros Akásicos. Así, su disposición y su deseo sincero de recibir guía, respaldados por una hueste de ayudantes celestiales, son la garantía de que, cuando usted dice «Los Registros están ahora abiertos», usted se va a encontrar en los Registros cada vez. Realmente, es así de simple.

¿Acaso tengo derecho a estar en los Registros? ¿Soy los suficientemente digna/o de ello?

De nuevo, las respuestas son *sí* y *sí*. Todas las personas de este planeta tienen derecho a acceder a los Registros, porque cada ser humano es un hijo sagrado de Dios cuyo nombre está escrito en el Libro de la Vida de Dios, en los Registros Akásicos. Sin embargo, no todo el mundo tiene interés o siente el deseo de acceder a los Registros. Como ya he dicho, si usted se ha visto atraído hacia este libro (y, ahora, si ha llegado hasta aquí en su lectura), es porque los Señores de los Registros le han hecho una llamada «de larga distancia a cobro revertido», y ha aceptado la llamada; de modo que considérelo una invitación en toda regla.

¿Tengo los dones necesarios para ello, la intuición necesaria?

Como habrá visto por el ejemplo de Julie, la información que se obtiene de los Registros procede de una conciencia divina que está *más allá de* su intuición y es *más grande que* ella, de modo que en realidad carece de importancia si usted se considera o no una persona intuitiva. Esto no quiere decir que su intuición no se vaya a desarrollar después de algún tiempo trabajando en los Registros. Normalmente se desarrolla, dado que el trabajo en los Registros hace que se fortalezca su conexión con la Luz, lo cual incrementa su receptividad a la guía divina, tanto dentro como fuera de los Registros. Con esto quiero decir que la capacidad intuitiva o un don en concreto no son un prerrequisito para trabajar en los Registros, ni le harán necesariamente un lector mejor. Lo que *sí* va a hacer de usted un lector mejor es su capacidad para apartarse de en medio todo lo posible, con el fin de poner toda su atención en la lectura y en la guía que está recibiendo. El mejor don que puede usted ofrecer *o* tener es el de dejar que la orientación fluya a través de usted sin ningún impedimento.

Cómo recibe usted la ayuda de los Maestros, Profesores y Amados

Si ha pronunciado la Oración del Sendero de forma plenamente consciente y con una intención deliberada, se halla ya en los Registros. Si se ha apartado de en medio y está obteniendo una guía amorosa, en lugar de tener pensamientos y juicios personales, está obteniendo su información de los Registros. Realmente, es así de simple. Pero en caso de que necesite más garantías, he aquí algunas preguntas que puede usted formular a sus Maestros, Profesores y Amados en cualquier momento. Pronuncie la Oración del Sendero de la página 74 para abrir los Registros Akásicos, y luego formule estas preguntas de una en una:

- ¿Qué podría ayudarme a ser más receptivo/a a los Registros Akásicos?
- ¿De qué forma podría ser más receptivo/a a mis Maestros, Profesores y Amados?
- ¿Qué está bloqueando actualmente mi receptividad, y cómo puedo liberarme de ello?

También aquí, puede ir escribiendo las respuestas mientras las recibe, o puede obtener las respuestas primero y escribirlas después. Más tarde, cuando haya terminado de escribir, puede usted cerrar sus Registros directamente, o bien puede dejarlos abiertos y hacer la siguiente meditación para fortalecer su experiencia de estar en sus Registros Akásicos.

Al igual que hizo con la meditación del Pilar de Luz, búsquese una silla o un sillón cómodo en una sala tranquila. Siéntese bien, con la espalda recta y los pies en el suelo, y pose las manos en el regazo, con las palmas hacia arriba, o bien repose los brazos en los brazos del sillón. Y luego lea la siguiente meditación a un ritmo con el que se sienta a gusto.

Meditación

Pida a sus Maestros, Profesores y Amados que le ayuden a tener la experiencia de estar en sus propios Registros Akásicos... Cuando entre en sus Registros, explore el espacio a su alrededor... de izquierda a derecha, y luego de derecha a izquierda... de arriba abajo, y luego de abajo arriba... Haga un ligero movimiento con su cuerpo físico para que pueda sentir el Cuerpo de Luz que le envuelve en sus propios Registros.

Mientras se encuentra ahí, en sus Registros, tome conciencia de la presencia de sus Maestros, Profesores y Amados. A veces, su presencia es una sensación, quizás de amor, de paz o de serenidad. Otras veces es una sensación de calidez o de suavidad. En ocasiones, es una cualidad de Luz iluminadora. Y otras veces es una cualidad de apoyo, que puede ser fuerte o sutil.

«Poco después de asistir a mi primera clase sobre los Registros Akásicos, me di cuenta de que mi trabajo con los Registros sería el fundamento de *todo* mi trabajo. En los últimos años, con la ayuda de mis Maestros, Profesores y Amados (a quienes llamo afectuosamente mis MAPS, mis Mejores Amigos Para Siempre), he trabajado con mis Registros haciendo lecturas para mí misma y para otras personas, analizando la energía del feng shui de cientos de hogares y negocios, y escribiendo un libro de feng shui y casi cincuenta libros para niños.»

—*Julie*

La conciencia que tiene usted de su propio yo en sus Registros se abre a una nueva dimensión y expande el espacio de tal modo que se encuentra usted a sus anchas. Tómese unos instantes para explorar esta dimensión: introdúzcase por su coronilla y descienda... pase por el tercer ojo... pase por la garganta... y siga bajando hasta el corazón, su corazón.

A medida que explora su cuerpo físico, la Luz del Akasha le acompaña. Se extiende desde su chakra corona hasta su chakra raíz, haciendo el papel de un campo de fuerza que mantiene toda la energía en su lugar.

Aunque el Akasha llena todo su cuerpo físico, su región principal se encuentra entre la coronilla y el corazón. Sitúese en su chakra corona y mire hacia abajo, hasta la base de su centro cardiaco. El punto de anclaje del Akasha dentro de usted es un lago cristalino, una plataforma especular. Cuando la Luz del Akasha establece contacto con esta plataforma, se convierte en un pórtico hacia sus reinos interiores. La Luz de su alma individual salta desde esta plataforma y asciende a través del pilar de Luz... Vea cómo se intensifica y se fortalece su Luz con la Luz del Akasha.

Esta Luz abraza a su chakra de la garganta, pero no interfiere con él ni lo invade. La Luz está a su disposición, pero no es invasiva. Al abrazar su chakra de la garganta, se convierte en un recurso infinito que estimula la expresión verbal de su alma en el mundo.

La corriente de Luz continúa después por detrás de su tercer ojo, al cual abraza y sustenta. Si este centro de su cuerpo está fatigado, puede descansar en la Luz del Akasha que le sustenta.

Tómese unos instantes en este mismo momento para pedir a sus Maestros, Profesores y Amados cualquier orientación que puedan ofrecerle en su trabajo. Es ésta una oportunidad para desarrollar su vinculación consciente con ellos. Si tiene alguna pregunta que hacerles en este momento, formúlela ya.

Si siente que su visión es débil, o bien no tiene sensación alguna de que algo se aproxime a usted, ajuste su postura y eche los hombros atrás, con el fin de abrir el centro del corazón y dejar que la Luz se introduzca más profundamente en ese espacio.

Cuando vaya a cerrar sus Registros, sepa que ha quedado establecido un sendero, y que usted ha despejado su pilar interior de Luz. Usted, como agente e instrumento de los Registros Akásicos, ha quedado despejado, limpio; y ahora dispone de estos recursos infinitos como apoyo de su trabajo.

Y, ahora, centre su atención hasta este instante y este libro, y cierre sus Registros Akásicos.

◆

Diferentes usos de los Registros Akásicos

La gente utiliza los Registros en beneficio de sus propias vidas de muchas maneras válidas. Algunas formas funcionan particularmente bien para algunas personas, en tanto que otras formas no les funcionan demasiado bien. Los siguientes ejemplos le van a ofrecer algunas ideas sobre los distintos modos en los cuales puede trabajar con los Registros. No olvide que, en tanto no termine su período transicional de gracia de treinta días, no le va a servir de nada mezclar sus lecturas akásicas con otros sistemas o disciplinas.

Lecturas para personas

Como ya sabe, usted puede leer sus propios Registros Akásicos o puede leer los Registros de otras personas; pero, para abrir los Registros de otra persona, debe tener primero su consentimiento. Utilice el nombre legal actual de la persona, tal como se explica en la directriz 2, en la página 52, y utilice la versión de la Oración del Sendero que se le ofrece en la página 74.

Lectura de los Registros de animales o mascotas

La lectura de los Registros de un animal o una mascota puede reportarnos valiosa información acerca de su temperamento y sus necesidades. Pero, ¿cómo puede usted obtener el permiso para leer los Registros de un animal? Simplemente, pídaselo, ¡y él le dirá si da o no su consentimiento! Siéntese con el animal durante unos instantes y dígale lo que le gustaría hacer. Si el animal no quiere que lea sus Registros, quizás se aleje de usted o se vaya de la sala, o puede que, simplemente, cierre los ojos. Si, no obstante, le da su permiso, quizás le mire a los ojos o se le acerque, o puede que se siente cerca de usted, o que se eche en su regazo. Si no se trata de un animal de su pertenencia, tendrá que ser su propietario quien le dé el permiso para abrir sus Registros. Si el animal tiene documentos en los que aparece un nombre registrado (Harold Jamison Trotter, por ejemplo), utilice ese nombre para abrir sus Registros. Sin embargo, si el animal no tiene documentos formales, utilice el nombre por el cual se le llame o responda, que podría ser Sweetie, Pie, Max o «el chucho del patio trasero».

Suele ocurrir que aquellas personas que trabajan con animales para ganarse la vida o que tienen una fuerte afinidad con ellos pueden leer los Registros de los animales con mucha más facilidad que el resto de las personas. Pero si la lectura de Registros de animales no va con usted, no hay problema. Siga leyendo y descubrirá otras muchas maneras en las cuales podría trabajar usted con los Registros.

La lectura de los Registros de una vivienda

Si tiene usted el permiso de la persona cuyo nombre figura en la hipoteca o en el contrato de arrendamiento, puede usted leer los Registros de esa vivienda para averiguar cosas como su historia, su propósito y su energía. En el caso de una vivienda en venta, si el propietario la ha puesto en el mercado y ha firmado un contrato con el corredor inmobiliario, ese propietario está diciendo en resumidas cuentas: «Esta vivienda está abierta para verla a todos los niveles». Por tanto, usted puede abrir los Registros Akásicos de la vivienda sin necesidad de obtener ningún permiso. Sin embargo, si su oferta ha expirado o la casa ha sido vendida a un nuevo propietario, la «visión pública» ya no es posible; y, una vez más, usted debe obtener el permiso del propietario para abrir los Registros de esa vivienda. Para abrir los Registros de una vivienda, utilice la dirección completa, con el nombre de la calle, de la población o ciudad, del estado o provincia, y el número de distrito postal.

En tanto que para la mayoría de nosotros podría tener cierto sentido que un animal pueda tener un «listado» en los Registros Akásicos, debido a que dispone de una fuerza vital obvia, puede resultar más difícil leer los Registros de una vivienda, de algo que parece inerte y sin vida, si lo comparamos con un animal. Pero cada hogar *tiene ciertamente* su propia energía y su presencia, y de ahí que se pueda leer y descifrar la energía de la casa en los Registros Akásicos.

Si abre usted los Registros de una vivienda, quizás sea capaz de detectar algunos de sus ideales, potenciales y probabilidades. Quizás pueda obtener también una idea del modo en que esa vivienda sustenta a sus habitantes y de qué puede que no tenga cabida en la vivienda. Sin embargo, si no es usted capaz de leer los Registros Akásicos de una casa, no se preocupe. La lectura de los Registros de una vivienda es en realidad algo secundario con respecto a la lectura de los Registros del propietario acerca de esa casa.

Lectura de Registros de monumentos públicos, edificios, parques, ciudades, poblaciones o terrenos

Se puede acceder libremente a la información acerca de objetos, edificios o lugares con nombres públicos registrados (el Monumento a Washington; Stonehenge, la Capilla Sixtina; el Monte Santa Helena; Galena, Illinois; el Parque Nacional de las Everglades, Florida; el Bosque Nacional Arapaho, Colorado).Una de mis alumnas se estuvo preguntando por qué iba con tanta frecuencia a una población llamada Banff y por qué se sentía allí como en casa. Después de abrir los Registros Akásicos de Banff, en Alberta, Canadá, descubrió que había vivido allí una vida anterior, una vida cargada de amor y de propósito. Gracias a aquella información, su siguiente visita a Banff fue aún más especial que todas las visitas anteriores.

«La lectura de los Registros Akásicos ha sido una piedra angular de mi transición desde mi trabajo de gestiones no lucrativas y solicitudes de subvenciones hasta la creación de una tienda de edredones en Mississippi. Me ha resultado de gran ayuda el nivel de confianza que he depositado en ellos. Es como si pudiera escuchar y sentir a mis guías con más claridad. Cuando abro los Registros, adopto una actitud de escucha. Son potentes, prácticos, reales, sensatos y muy sencillos.»

—*Anne*

Lectura de los Registros de una empresa o de un departamento dentro de una empresa

Si tiene usted una empresa, la apertura de sus Registros Akásicos puede reportarle bastante información acerca de cómo seleccionar a sus empleados y cómo brindarles apoyo, cómo mejorar en la medida de lo posible el entorno de trabajo, y qué acciones serían las más beneficiosas para la empresa en un momento determinado. Para abrir los Registros de su empresa utilice su nombre registrado públicamente.

Si no es usted propietario de una empresa, pero es el director de uno de sus departamentos, puede abrir los Registros de ese departamento únicamente. Utilice tanto el nombre de la empresa como el nombre específico de su departamento; por ejemplo: departamento de contabilidad de la oficina de Ventas Regional del Medio Oeste de GreenGrow International en Deerfield, Illinois.

Lectura de los Registros de un paciente o cliente

Algunas personas que trabajan con la energía gustan de abrir los Registros de clientes específicos para preguntar de qué modo les pueden ayudar mejor. Como siempre, el profesional debe tener previamente el permiso y el nombre legal actual del cliente o la clienta para poder abrir sus Registros. Como alternativa, si la obtención del permiso no es posible, el profesional puede abrir sus propios Registros y preguntar de qué modo puede ayudar mejor a determinado cliente o clientes. Lo mismo pueden hacer los profesores en los colegios o institutos, los directivos de empresas o los líderes de grupos a la hora de planificar una clase o una reunión que pretenda ser plenamente efectiva.

La utilización de los Registros para crear

Hay personas que disfrutan abriendo sus Registros antes o durante una tarea creativa. Por ejemplo, algunas personas utilizan los Registros para escribir poemas, libros o componer música; otras esculpen, dibujan o pintan; otras danzan. El método de utilización de los Registros varía en función de las necesidades de la persona y de su propia personalidad. Por ejemplo, hay personas a las que les resulta difícil permanecer en los Registros durante períodos prolongados de tiempo. Así pues, a estas personas les resultará más fácil abrir los Registros, recibir guía e inspiración, cerrar los Registros y, después, crear. Para otras personas puede resultar más ventajoso abrir los Registros, pedir ayuda e inspiración y, luego, ¡agarrarse fuerte en la cabalgada!

La utilización de los Registros para aprender

Hay personas que prefieren utilizar los Registros para aprender cosas a un nivel más profundo. Por ejemplo, los estudiantes que quieren comprender de verdad un texto sagrado o complicado lo leerán con sus Registros abiertos. Puede ser una experiencia ciertamente iluminadora. La lectura en compañía de tus Maestros, Profesores y Amados es como la lectura de un libro en el que alguien hubiera subrayado los conceptos claves y hubiera escrito amplias notas en los márgenes, ¡todo ello para tu enseñanza!

También resulta divertido estudiar una pintura, asistir a un servicio religioso o escuchar música con los Registros abiertos. Simplemente, asegúrese de que la música sea suave y tranquilizadora, como la música clásica, en lugar de algo discordante como el *acid rock*. Por otra parte, acuérdese de cerrar sus Registros cuando haya terminado de estudiar o de escuchar música.

◆

Aprender a trabajar en los Registros es una exploración de posibilidades. Le animo a que intente leer los Registros de diversas personas, lugares y cosas, a fin de descubrir qué es lo que mejor le funciona en su caso. No intente comparar sus experiencias con las de otros lectores akásicos, dado que cada persona tiene diferentes virtudes e intereses cuanto trabajan con los Registros.

Ahora que ya sabe de qué otros modos utiliza la gente los Registros, ha llegado el momento de preguntar a sus Maestros, Profesores y Amados qué método o métodos pueden funcionar mejor en su caso. Después de abrir sus Registros, he aquí algunas de las preguntas que podría hacer:

- En mi caso, ¿cuál puede ser el mejor modo de utilizar el Proceso de la Oración del Sendero en estos momentos?
- ¿Cuáles son mis dones, talentos y capacidades singulares, y cómo puedo hacer uso de ellos en los Registros?

Lleve las respuestas que reciba hasta el corazón e incorpórelas en su trabajo personal con los Registros Akásicos.

Capítulo 4

◆

LA LECTURA DE LOS REGISTROS AKÁSICOS PARA OTRAS PERSONAS

En ocasiones, los seres humanos, con nuestras limitadas perspectivas, nos olvidamos de la verdad de quiénes somos. Olvidamos que, a pesar de lo que *creemos* ver cuando nos vemos a nosotros mismos en el espejo, la verdad es que somos seres eternos de Luz, cuya esencia es la totalidad, el bien y la bondad.

Cuando usted lee los Registros Akásicos de otra persona, se halla en una singular y maravillosa posición, una posición que le permite recordarle a esa persona quién es en realidad, que le permite ofrecerle un atisbo de cómo la ven, la conocen y la aman Dios y sus Maestros, Profesores y Amados. Cuando una persona empieza a ver la Luz en sí misma, y en los demás, es cuando puede desprenderse de antiguas creencias y percepciones, y cuando puede reemplazarlas por el perdón y la sanación.

Como quizás haya inferido ya, si usted opta por leer los Registros de otras personas descubrirá que sus experiencias son diferentes en cada ocasión. No sólo obtendrá información diferente de cada persona, sino que también serán diferentes las formas en las cuales usted *recibirá* y *transmitirá* la información. Esto se debe al hecho de que los Maestros, Profesores y Amados de una persona saben muy bien qué decirle y cómo decirle las cosas a esa persona para que pueda recibir mejor la información. Así, si «Jane» es una persona muy visual, por ejemplo, sus Maestros, Profesores y Amados quizás le muestren a usted una imagen o una escena para que se la describa. Quizás esa imagen o escena no tenga ningún sentido para

95

usted, pero no se sorprenda si Jane dice: «¡Ya lo entiendo! Todo tiene sentido ahora». Lo que conviene que recuerde en este caso es que no debe juzgar la información que recibe, sino transmitirla del mismo modo en que la recibe. Si usted hace esto, la otra persona será libre entonces de decidir lo que significa para ella y cómo utilizar la información.

«Los Registros son muy delicados con nosotros, e incluso cuando estamos obteniendo información que ciertamente no queremos escuchar, nos sentimos profundamente aliviados y agradecidos por la claridad y la simplicidad con las que se nos presenta. En los Registros, una se siente segura y cómoda.

»Tanto si estoy ofreciendo una lectura como recibiéndola, el Proceso de la Oración del Sendero borra de algún modo cualquier ansiedad de interpretación que yo pudiera sentir ante el hecho de dar o de recibir una lectura esclarecedora. Esos grandes instantes de comprensión llegan de una forma muy natural, sin fanfarrias.»

—*Jean*

En algunos casos, especialmente si la información que usted comparte durante una lectura es delicada o incómoda, puede darse el caso en que uno de ustedes o ambos generen alguna forma de resistencia. No se preocupe por ello. No es más que el miedo a hablar, y es algo que ocurre de vez en cuando. (Ése es el motivo por el cual pedimos «coraje para conocer la Verdad» en la Oración de Apertura.) Lo primero que ambos tienen que recordar es que los Maestros, Profesores y Amados son Seres de Luz llenos de amor que sólo dicen la verdad, y cuya única tarea durante una lectura akásica consiste en ayudar al alma a crecer e iluminarse. Dicho esto, usted puede pedir a los Maestros, Profesores y Amados de la persona que les ayuden a ambos a sentirse seguros, para que usted pueda sentirse libre para transmitir, y la otra persona libre para aceptar, la información y las orientaciones que están recibiendo. Es perfectamente apropiado hacer una pausa durante una lectura para pronunciar en silencio la Oración de Apertura de nuevo, a fin de liberarse de cualquier miedo o incertidumbre y de fortalecer la conexión con la Luz. También es apropiado servirse un poco de agua o hacer unas cuantas respiraciones profundas juntos, para relajar cualquier tensión física o emocional que puedan estar sintiendo. Sea lo que sea que decidan hacer, el objetivo de esta breve pausa estriba en interrumpir el patrón energético de miedo para transformarlo en un patrón de seguridad y confort.

Para abrir los Registros de otra persona, usted utilizará el Proceso de la Oración del Sendero, pero leerá la oración de un modo ligeramente diferente, y el proceso cambiará también un poco a fin de incluir a la otra persona. Le explico estas diferencias en la oración con notas que viene a continuación. En la página 104, encontrará la oración sin las anotaciones, para que pueda utilizarla en las lecturas con otras personas.

◆

Explicación del Proceso de la Oración del Sendero: la lectura para otra persona

El Proceso de la Oración del Sendero para Acceder al Corazón de los Registros Akásicos de otra persona

ORACIÓN DE APERTURA:

Cuando haga la lectura para otra persona, diga esta parte en voz alta:
1. Y así reconocemos a las Fuerzas de la Luz,
2. pidiendo guía, dirección, y coraje para conocer la Verdad,
3. en tanto ésta se revele por nuestro mayor bien y el mayor bien de
4. todos los que están conectados con nosotros.

En la primera línea de la oración, usted está invocando a los reinos superiores de la Luz y poniéndose en sintonía con ellos en nombre propio y en nombre de la otra persona. Cuando usted reconoce a las Fuerzas de la Luz, usted (el lector) está estableciendo conexión con los Registros Akásicos a través de un pilar vertical de Luz, del mismo modo que lo hace cuando está haciendo una lectura para sí mismo.

De la línea 2 a la 4, pide las tres mismas cosas que pide cuando hace una lectura para sí mismo: guía, dirección y coraje para recibir sin miedo y voluntariamente la Verdad (no predicciones), haciendo para ello acopio de sus mejores capacidades y por el mayor bien de todos. La diferencia estriba en que ahora está pidiendo estas cosas en su nombre y en el de la persona para la cual está haciendo la lectura.

Diga esta parte en voz alta:
   5. Oh, Espíritu Santo de Dios,

Lea esta parte en silencio, para sí mismo:
   6. Protégeme de toda forma de egocentrismo,
   7. y dirige mi atención al trabajo que tengo entre manos.

Las líneas 5, 6 y 7 se leen de forma diferente cuando usted está haciendo una lectura para otra persona. Tanto si la lectura es para sí mismo como si es para otra persona, lea siempre la línea 5 en voz alta. Pero, cuando esté haciendo una lectura para otra persona, lea las líneas 6 y 7 en silencio, para sí mismo. Se supone que esta breve oración en silencio sólo debe ser «escuchada» por sus propios Maestros, Profesores y Amados, los de usted. Es una petición para que le mantengan inmune ante todo lo que no provenga de la Luz, y para que ellos le mantengan en una actitud de servicio a la persona a la que le está haciendo la lectura. También permitirá que la información y la lectura fluyan de un modo más suave y efectivo.

Lea esta parte en voz alta una vez:
   8. Ayúdame a conocer a *(nombre de pila o nombre por el que se suele llamar a la persona)* a la Luz de los Registros Akásicos,
   9. para poder ver a *(nombre de pila o nombre por el que se suele llamar a la persona)* a través de los ojos de los Señores de los Registros,
   10. y para que comparta la sabiduría y la compasión que los Maestros, Profesores
   11. y Amados de *(nombre de pila o nombre por el que se suele llamar a la persona)* sienten por *(él o ella)*.

Entre las líneas 1 y 7, usted comienza a establecer un pilar vertical de Luz para conectarse con los Registros Akásicos. Ahora, cuando dice en voz alta las líneas 8 a 11, está estableciendo una conexión horizontal entre la otra persona y usted, para que ambos queden envueltos y protegidos dentro de una especie de burbuja o capullo de Luz. La conexión horizontal se establece cuando las corrientes de Luz bajan desde el Corazón de los Registros Akásicos hasta su octavo chakra, para luego atravesar su centro corona y alcanzar finalmente a la otra persona desde su centro del corazón, el de usted.

Entre las líneas 8 y 11, usted utiliza el nombre de pila o el nombre con el que suelen llamar a la persona porque se está refiriendo a la persona tal como es en su dimensión física cotidiana. Este nombre es el nombre con el que la persona se llama a sí misma en su día a día, de modo que escucharlo en voz alta le resulta confortable y familiar, y no le desentona.

(Esto es especialmente importante cuando la persona se muestra un tanto ansiosa con la lectura. El hecho de escuchar el nombre que le resulta más familiar puede ser de gran ayuda para que se relaje.)

Lea esta parte en silencio, para sí mismo:
12. Ayúdame a conocer a *(nombre legal actual de la persona)* a la Luz de los Registros Akásicos,
13. para ver a *(nombre legal actual de la persona)* a través de los ojos de los Señores de los Registros,
14. y para que pueda compartir la sabiduría y la compasión que los Maestros, los Profesores
15. y los Amados de *(nombre legal actual de la persona)* tienen para *(él o ella).*
16. Ayúdame a conocer a *(nombre legal actual de la persona)* a la Luz de los Registros Akásicos,
17. para ver a *(nombre legal actual de la persona)* a través de los ojos de los Señores de los Registros,
18. y para que pueda compartir la sabiduría y la compasión que los Maestros, los Profesores
19. y los Amados de *(nombre legal actual de la persona)* tienen para *(él o ella).*

Mientras lee en silencio, para sí, las frases de las líneas 12 a la 19, entrará en un estado de conciencia expandida. Este estado está anclado en la dimensión física, pero puede registrar las impresiones y las vibraciones, más sutiles, de la dimensión de los Registros Akásicos. Simultáneamente, también ocurre esto:

- La vibración del nombre legal actual de la persona invoca los Registros de su alma, que son puestos ante los Señores de los Registros, quienes a su vez se los pasan a los Maestros, Profesores y Amados de la persona. Y éstos, a su vez, «descargan» la información específica que usted va a compartir con ella para esta lectura en concreto.

- Al igual que cuando hace una lectura para sí mismo, la energía del Corazón de los Registros Akásicos baja a través de su coronilla y registra su vibración en lo más profundo del centro de su corazón. El centro de su corazón es su «lugar receptor» de la información que usted recibirá de los Registros, tanto si es para usted como si es para otra persona. Cuando este anclaje energético queda fijado, también se completa el cambio de su conciencia.

Anuncie la apertura de los Registros diciendo esto en voz alta:
20. Los Registros están ahora abiertos.

Su cambio de conciencia se ha completado. Ahora tiene acceso a los Registros Akásicos de la persona y a sus Maestros, Profesores y Amados.

Oración de Clausura:

Cuando esté en disposición de terminar su sesión en los Registros, diga esto en voz alta:
21. Me gustaría darles las gracias a los Maestros, los Profesores y los Amados
22. por su amor y su compasión.
23. Me gustaría darles las gracias a los Señores de los Registros Akásicos por su punto de vista.
24. Y me gustaría darle las gracias al Espíritu Santo de Luz por todo el conocimiento y la sanación.
25. Los Registros están ahora cerrados. Amén.
26. Los Registros están ahora cerrados. Amén.
27. Los Registros están ahora cerrados. Amén.

El hecho de que se le haya concedido el acceso a los Registros Akásicos de esta persona es tanto un honor como un privilegio, de ahí que sienta la necesidad de expresar su gratitud a todos los Seres de Luz que han hecho posible la experiencia.

Del mismo modo que precisó usted de algún tiempo para salir de su estado de conciencia ordinario, también va a necesitar algún tiempo para volver a él. Este cambio o transición es una especie de viaje; y cada viaje tiene un comienzo, una parte media y un final. Lo que usted dice en la línea 25 señala el comienzo del cambio; lo que dice en la línea 26 señala la parte media; y lo que dice en la línea 27 señala el final.

Una vez haya cerrado los Registros de la persona, no olvide enraizar en tierra del modo que le resulte más cómodo.

«Gran parte del trabajo con los Registros consiste en hacer lecturas con otras personas. Y es maravilloso el poder trabajar con otra persona y tener una conversación con ella acerca de lo que está buscando. La experiencia es tan valiosa para el lector o la lectora como para la persona que recibe la lectura.»

—*Jessica*

Consejos para las lecturas a otras personas

Recuerde que nunca hay que forzar a nadie para que reciba una lectura akásica. Sin embargo, si le piden que haga una lectura, he aquí algunos detalles que conviene que sepa o que haga a fin de que la lectura sea óptima.

Antes...

- Si lleva a cabo sus lecturas en persona, de forma presencial, diseñe un espacio tranquilo en su casa o en su consulta, un lugar donde usted y sus clientes se sientan seguros y cómodos. Asegúrese de que no serán interrumpidos por otros colegas, miembros de la familia, mascotas u otras distracciones. Si no está seguro o segura del tipo de entorno que será más apropiado para sus lecturas, he aquí una pregunta que puede usted formular en sus Registros: «¿Cómo puedo crear y mantener un entorno seguro para el trabajo en los Registros?».

- Si lleva a cabo sus lecturas por teléfono, asegúrese de que la batería del aparato está bien cargada, y móntese un equipo de grabación con anterioridad. (Hay lectores akásicos a los que les gusta grabar sus sesiones, para luego enviar una cinta de casete o un archivo digital a sus clientes. Grabar o no las sesiones depende enteramente de usted.)

- Si cobra honorarios por la lectura, asegúrese de que el pago se realice con antelación, de tal modo que, llegada la hora de la cita, usted pueda poner toda su energía y atención en la lectura y en la persona que recibe la lectura.

- Para tener la certeza de que sus lecturas están bien enfocadas y de que la información fluya suavemente, pida a sus clientes que preparen sus preguntas de antemano. (No hace falta que le envíen las preguntas previamente; basta con que las tengan preparadas ellos.) Si le preguntan qué tipos de preguntas funcionan mejor, explíqueles que las preguntas de *cómo, qué* y *por qué* reportan más información, y que las preguntas relacionadas con un tiempo futuro, las preguntas predictivas y las que precisan de respuestas de sí-o-no reportan menos información, si es que lo hacen.

- Recuerde que los objetivos de toda lectura son dignificar y elevar a la persona a la que se le hace la lectura; revelar el verdadero yo y el potencial de la persona, tal como se la ve en los Registros Akásicos; y proporcionar claridad, dirección y sanación.

Durante...

- Hacer lecturas para otras personas es un privilegio, pero un privilegio que supone una gran responsabilidad. Especialmente cuando haga una lectura para alguien que conozca, aproveche la oportunidad para darle apoyo a la persona y no sabotearla, juzgarla o hacerle daño. (Dicho de otro modo, carece de importancia lo que usted piense del novio de su hermana. Guárdese sus pensamientos y sus opiniones para sí misma, y transmita sólo la información que los Maestros, Profesores y Amados de su hermana le proporcionen.) Ser capaz de marcar la diferencia entre sus sentimientos personales y los Registros es una habilidad que desarrollará con la práctica. Sin embargo, uno de los más claros indicadores de que está usted enzarzado en sus propias historias es el de insistir en que determinada persona haga lo que *usted* le sugiere, y que luego se enfade si esa persona se resiste a hacerlo. Otro indicador es cuando usted pierde el enfoque en la persona y comienza a compartir información acerca de sí mismo y de cómo gestionó una situación similar. En el momento en que la lectura pase a tratar de usted de uno u otro modo, ésa será la señal de que se ha salido de los Registros. Si esto ocurre, haga simplemente una pausa y vuelva a leer en silencio la Oración de Apertura. Con esto, remediará la situación y podrá seguir adelante con la lectura.

- Si una persona se pone a hacerle preguntas acerca de otras personas, quizás queriendo saber lo que piensan o sus motivaciones, o cómo persuadirlas para que se comporten de otra manera, haga una pausa y recuérdele a esta persona que está usted en los Registros de *su alma individual (en los de él o ella)*. Por tanto, si «Trixie» quiere información acerca de «Trudy», la única información que usted obtendrá será información relevante sobre *aquella parte que aporta Trixie* en su relación con Trudy.

- Si, de pronto, tiene la sensación de que se ha salido de los Registros en algún punto (o que no ha llegado a conseguir un acceso pleno, aun habiendo pronunciado correctamente la oración), pida ayuda en silencio a los Maestros, Profesores y Amados. O, como ya hemos mencionado anteriormente, vuelva a leer la Oración de Apertura para sí mismo, a fin de reorientar su enfoque y fortalecer la conexión con la Luz.

- Como hemos dicho también antes, cuando usted hace una lectura para otra persona, tanto esa persona como usted se hallan inmersos dentro de un «capullo» de Luz protector. De modo que no le extrañe si, de vez en cuando, siente una carga energética que no sea suya, por ejemplo, cuando la persona que le pide la lectura se sume en un estado emocional. No se preocupe si ocurre esto. Dado que usted estará viendo la situación desde la perspectiva de los Registros, sabrá de inmediato que no tiene por qué experimentar esos sentimientos y esas emociones ni quedarse con ellos. Lo único que se le pide es que los comprenda, para poder ayudar a la persona a procesarlos y liberarse de ellos. Para cuando llegue el momento de pronunciar la Oración de Clausura, esa carga emocional habrá desaparecido ya, al igual que su conexión energética con la persona. Usted nunca se va a quedar con los problemas de la persona, ni va a abandonar la sesión con los efectos energéticos que esos problemas generen.

El Proceso de la Oración del Sendero para Acceder al Corazón de los Registros Akásicos de otra persona

ORACIÓN DE APERTURA:

Cuando haga la lectura para otra persona, diga esta parte en voz alta:
Y así reconocemos a las Fuerzas de la Luz,
pidiendo guía, dirección, y coraje para conocer la Verdad, en tanto ésta se revele por nuestro mayor bien y el mayor bien de todos los que están conectados con nosotros.

Diga esta parte en voz alta:
Oh, Espíritu Santo de Dios,

Lea esta parte en silencio, para sí mismo:

Protégeme de toda forma de egocentrismo, y dirige mi atención al trabajo que tengo entre manos.

Lea esta parte en voz alta una vez:

Ayúdame a conocer a *(nombre de pila o nombre por el que se suele llamar a la persona)* a la Luz de los Registros Akásicos,
para poder ver a *(nombre de pila o nombre por el que se suele llamar a la persona)* a través de los ojos de los Señores de los Registros,
y para que comparta la sabiduría y la compasión que los Maestros, Profesores
y Amados de *(nombre de pila o nombre por el que se suele llamar a la persona)* sienten por *(él o ella)*.

Lea esta parte en silencio, para sí mismo:

Ayúdame a conocer a *(nombre legal actual de la persona)* a la Luz de los
    Registros Akásicos,

para ver a *(nombre legal actual de la persona)* a través de los ojos de los
    Señores de los Registros,

y para que pueda compartir la sabiduría y la compasión que los Maestros,
    los Profesores

y los Amados de *(nombre legal actual de la persona)* tienen para *(él o ella).*

Ayúdame a conocer a *(nombre legal actual de la persona)* a la Luz de los
    Registros Akásicos,

para ver a *(nombre legal actual de la persona)* a través de los ojos de los
    Señores de los Registros,

y para que pueda compartir la sabiduría y la compasión que los Maestros,
    los Profesores

y los Amados de *(nombre legal actual de la persona)* tienen para *(él o ella).*

Anuncie la apertura de los Registros diciendo esto en voz alta:

Los Registros están ahora abiertos.

ORACIÓN DE CLAUSURA:

*Cuando esté en disposición de terminar su sesión en los Registros, diga esto en
voz alta:*

Me gustaría darles las gracias a los Maestros, los Profesores y los Amados
    por su amor y su compasión.

Me gustaría darles las gracias a los Señores de los Registros Akásicos por
    su punto de vista.

Y me gustaría darle las gracias al Espíritu Santo de Luz por todo el cono-
    cimiento y la sanación.

Los Registros están ahora cerrados. Amén.

Los Registros están ahora cerrados. Amén.

Los Registros están ahora cerrados. Amén.

Después...

- En ocasiones, puede ocurrir que tenga usted la sensación de que sigue recibiendo información aun después de haber terminado la lectura. Esto se debe a que, aunque usted haya «apagado el receptor» al cerrar los Registros de la persona, todavía queda un poco de energía e información en el conducto energético. Repita la Oración de Clausura en voz alta, y la información se detendrá por completo.

- Si se descubre dándole vueltas a la cabeza, preocupado por una persona, bastante después de haber finalizado la lectura, repita la Oración de Clausura en voz alta para que descanse su mente.

◆

Desarrollar cierta «altitud de conciencia»

En tanto dé lecturas akásicas para otras personas, ¡su objetivo es enamorarse de todas y cada una de esas almas! Pero, para esto, usted deberá desarrollar cierta «altitud de conciencia» que le permita ver a la persona que tiene delante a través de la perspectiva, una perspectiva más elevada y amplia, de los Maestros, Profesores y Amados. Dicho de otro modo, en tanto usted no ceje de buscar y de seguir la Luz mientras recibe información acerca de la persona, la Luz seguirá fortaleciéndose y expandiéndose a medida que usted pase de una verdad a otra.

Si, durante una lectura, se descubre forcejeando por mantener esa altitud de conciencia, puede obtener ayuda de los Maestros, Profesores y Amados de la persona preguntando: «¿Dónde está la Luz aquí? Por favor, mostrádmela. Mantenedme conectado con la Luz, para que pueda ayudar a elevar a esta alma hasta una nueva versión mejorada de sí misma, hasta su nuevo nivel superior de bondad». Y, después, quédese tranquilo, mientras los Maestros, Profesores y Amados le muestran lo que necesita ver.

Evidentemente, mantener cierta altitud de conciencia no sólo se aplica cuando usted está haciendo una lectura para otra persona. Es igualmente importante mantener esta perspectiva cuando está haciendo una lectura para sí misma. ¿Escucha usted críticas, sarcasmos o juicios cuando abre sus Registros Akásicos? ¿La información que le llega no parece tanto un discurso de sus Maestros, Profesores y Amados como un discurso creado en su propia cabeza, por su cháchara mental? Si es así, pida que le muestren la verdad acerca de usted mismo y de las respuestas que está buscando. Una vez más, si siente alguna resistencia, o si persisten esos pensamientos negativos, sepa que no hay nada que temer. Usted está envuelto en Luz y amor, y se le está imbuyendo el coraje necesario para conocer la verdad; una verdad que, siempre, y en última instancia, es valiosa y positiva.

He aquí una meditación que puede utilizar para fortalecer su altitud de conciencia. Abra sus Registros Akásicos antes de comenzar la meditación. Luego, lea las siguientes palabras lentamente, haciendo pausas entre los párrafos para cerrar los ojos y visualizar cada escena o idea.

MEDITACIÓN

Abra su conciencia a la relación que mantiene con sus propios Registros Akásicos.

Ábrase a la presencia de sus propios Maestros, Profesores y Amados... Manténgase abierto, en la medida de lo posible, a la realidad de la sabiduría que atesoran y de la compasión que sienten por usted. Se trata de un grupo de seres cuyo compromiso con usted es tan profundo y tan inamovible que no hay nada que pueda hacer para ahuyentarles o que le rechacen. Estarán ahí siempre por usted.

Averigüe de sus Maestros, Profesores y Amados cómo le ven como agente de los Registros Akásicos, cómo perciben la relación que mantiene con los Registros, y de qué modo le sustenta el trabajo en los Registros.

A usted se le ha llamado al Akasha en este momento por ser quien es. Pregunte a sus Maestros, Profesores y Amados: «¿Por qué ahora? ¿Por qué esta personalidad, esta encarnación?». ¿Qué dicen ellos del papel de los Registros Akásicos en la transformación del planeta en estos tiempos? ¿Cómo ven ellos su participación, la de usted, a través de los Registros, en la transformación y la sanación de la fuerza vital del planeta en estos tiempos?

Tome conciencia del pilar de Luz que cae sobre usted y le envuelve como una lluvia. Tome su propio pilar de Luz individual y deje que se funda con el pilar de Luz que han establecido todos los estudiantes del Akasha. Está aquí... ahora... anclado, e irá tan lejos como le lleve su conciencia... y luego saldrá de ahí.

Entre en el pilar de Luz y mire hacia fuera. Cuando lo haga, podrá ver puntos de Luz esparcidos por todo el globo... almas que despiertan a la Luz en sí mismas y que la ven en los demás. Vea cómo se difunde la Luz, de alma en alma.

Hay una expansión, una amplificación, una aceleración de la Luz, hasta el punto de que todo el continente está lleno de puntos de Luz conectados con otros puntos de Luz y difundiéndose por todo el mundo... hasta que la fuerza más obvia y dominante del planeta sea la Luz del alma eterna.

Que así sea.

◆

Y, ahora, centre su atención a este instante y en este libro, y cierre sus Registros Akásicos.

De iniciado a principiante

¡Enhorabuena! Habiendo llegado hasta esta parte del libro, ya sabe cómo utilizar el Proceso de la Oración del Sendero para acceder al Corazón de los Registros Akásicos. Ahora que ya sabe todo esto, puede utilizar la información de la segunda parte para potenciar su propio trabajo en los Registros, mientras aprende a trabajar con otras personas como lector akásico practicante.

Segunda parte

✦

EL USO DE LOS REGISTROS AKÁSICOS
PARA SANARSE UNO MISMO
Y SANAR A LOS DEMÁS

Capítulo 5

✦

LA SANACIÓN ENERGÉTICA
EN LOS REGISTROS AKÁSICOS

Bienvenido, bienvenida, a su siguiente nivel de trabajo en los Registros Akásicos. En este nivel va a comprender mejor de qué modo pueden ayudarnos los Registros a conseguir la sanación. Antes de explorar la sanación energética en los Registros, convendrá que revisemos el significado de la palabra *sanar*: «superar una circunstancia indeseable; restablecer la pureza o integridad original; recobrar un estado saludable». Estas formas de sanación tienen lugar de forma natural en los Registros, porque toda lectura akásica nos permite vernos a nosotros mismos como nos ven, nos conocen y nos aman nuestros Maestros, Profesores y Amados: como seres esencialmente puros y sanos. Cuando vemos nuestra pureza y nuestra salud durante una lectura y empezamos a descubrir esta verdad acerca de nosotros mismos, ese mismo conocimiento se convierte en el primer paso hacia nuestra sanación. Esto nos permite recuperar nuestra pureza e integridad originales, nuestro estado de salud original, y así comienza nuestra sanación.

Llegado a este punto, quizás se esté preguntando, *Si lo único que hay que hacer para empezar a curarme es verme a mí mismo de un modo diferente, ¿por qué no puedo hacerlo yo solo? ¿Para qué necesito que los Registros Akásicos me digan quién soy? ¡Yo ya sé quién soy!* La respuesta es, al mismo tiempo, sencilla y compleja. Cuando los seres humanos contemplamos nuestra propia existencia, nuestras percepciones se ven limitadas *a* y *por* nuestro cuerpo físico actual a las experiencias terrestres actuales de esta vida humana presente. Así, desde nuestra perspectiva humana, vemos la enfermedad y la imperfección. Con frecuencia tenemos la sensación de que algo no anda bien o de que falta algo; de que no somos «la enchilada completa». Sin embargo, cuando tenemos la oportunidad de ver nuestra verdadera esencia desde la perspectiva de los Registros podemos contemplar un cuadro diferente. Por nuestra misma naturaleza como manifestaciones de la Fuente Divina, nuestra verdadera esencia es totalidad eterna, bien eterno y bondad eterna. No sólo somos la enchilada completa, sino que somos «¡la enchilada más una bolsa de patatas fritas!». A nivel del alma, ésta es siempre la situación. Como se suele decir, somos Seres Divinos en cuerpos físicos que tienen experiencias humanas en este planeta. Y los Registros Akásicos arrojan Luz sobre esta verdad, y nos ayudan a recordarla e interiorizarla, para que no sigamos cautivos de una ilusión.

> «Me diagnosticaron una grave afección cardiaca cuando fui a hacerme un chequeo médico rutinario; y, aunque yo misma soy médica, aquel diagnóstico me impactó como si me hubiese caído un rayo. Sabía que tenía que encontrar el modo de sanar mi corazón. Fue entonces cuando descubrí cómo podía utilizar los Registros Akásicos para sanarme a mí misma. Aquello me permitió abrir un nuevo diálogo con mi corazón. Mi corazón se abrió a la sanación, y recibió Luz sanadora.»
>
> —*Laura*

Una de las grandes paradojas del viaje espiritual es que, a nivel del alma, usted es perfecto en todos los aspectos, aunque en su actual forma física pueda estar padeciendo limitaciones ciertamente reales, como una enfermedad física o mental, una enfermedad crónica, penurias económicas o problemas en sus relaciones. Mientras recorre su sendero espiritual, se le pide que conserve en su interior estas dos verdades aparentemente conflictivas. Así, en tanto su alma infinita es perfecta e inmaculada, su yo humano finito puede estar padeciendo una enfermedad terminal. Una manera de reconciliar esta paradoja consiste en reconocer que estas dos verdades existen simultáneamente en dos dimensiones diferentes. La verdad de perfección del nivel del alma existe en la invisible dimensión interna, mientras que la verdad de la enfermedad física existe en la dimensión externa, visible. Sin embargo, estas dos verdades no se niegan mutuamente; simplemente coexisten hasta que abandone su cuerpo físico y se convierta íntegramente en espíritu y en totalidad al término de esta vida.

La mera comprensión de esta paradoja espiritual nos permite reconocer que las enfermedades y los desastres, sean del tipo que sean, ni son un castigo ni una expresión de la situación del alma. Más bien, son experiencias que nos encontramos como seres humanos y cuyo objetivo es que aprendamos a amarnos a nosotros mismos y a los demás, a despecho de (o, con frecuencia, *por causa de)* esas enfermedades o desastres.

¿Cómo tiene lugar la sanación energética en los Registros Akásicos?

¿Cómo puede ayudar a sus clientes a recordar su totalidad esencial? Bien, a diferencia de otros sanadores energéticos, como lector akásico practicante, usted no envía, dirige, elimina ni manipula la energía de un cliente durante una lectura. Lo que hace es abrir los Registros del cliente y pedir que la Luz del Akasha revele esa esencia verdadera del alma; para que, mientras dure la lectura (y, hasta cierto punto, después) esa persona pueda experimentarse desde la altitud de conciencia que proporcionan los Registros. Como lector, usted simplemente «pulsa el interruptor» que permite que comience a iluminarse. Después, mientras le da voz a la verdad, durante la lectura, la Luz de los Registros se intensifica y se acelera, y su cliente recibe la información que se le transmite a través de la energía de las palabras que usted pronuncia. Cuando la energía y la información quedan suficientemente registradas en la conciencia y el ser físico de su cliente, generan un cambio, una expansión y una apertura que permite que tenga lugar la sanación en todos aquellos niveles en los que sea necesaria: mental, físico, emocional, espiritual, energético, del alma o en cualquier combinación de ellos.

«Me he pasado la mayor parte de mi vida con la sensación de ser una intrusa, buscando constantemente un lugar de pertenencia. Intentando encajar en alguna parte, leía libros de autoayuda y libros espirituales, acudía a que me hicieran lecturas y sanaciones, y descubrí diversas modalidades espirituales. Todo aquello me ayudó, pero no sofocó del todo el anhelo de pertenencia y de paz interior. Era como poner vendas sobre una herida abierta; una herida que no sanaba y que se volvía a abrir ante circunstancias nuevas.

»Al principio tuve mis dudas con aquello de aprender a acceder conscientemente a los Registros Akásicos, porque sentía intuitivamente los profundos cambios que me esperaban. Sin embargo, cuando accedí a los Registros por primera vez, me sentí henchida de inmediato por una profunda sensación de pertenencia y de paz. Era la primera vez que me sentía en casa. En la actualidad, sigo manteniendo que los Registros Akásicos son mi hogar, y es a través de este recurso espiritual como sigo contando con el amor, la aceptación y la sabiduría como soportes y guías a través de las colinas y los valles de la vida, sabiendo en todo momento que pertenezco al lugar en el que me encuentro.»

—*Jeanette*

Aunque puede suceder que su cliente no reconozca de inmediato que ha habido algún tipo de sanación, usted, como lector, comprenderá que la mayoría de las sanaciones en los Registros comienzan con aperturas sutiles en la conciencia de la persona. Estas aperturas llevan posteriormente a cambios profundos, que facultan a la persona para liberarse de pensamientos y hábitos poco saludables y reemplazarlos por otros mucho más enriquecedores. Y, en todos los casos, a lo que llevan estas sanaciones es a la constatación de la verdad de que nunca estamos separados de nuestra Fuente de Creación; y de que, así pues, estamos siempre (y en todo momento, a pesar de toda apariencia terrestre) bien, completos y sanos. Cuando tomamos conciencia de esta verdad anímica, nos encontramos en un estado de gracia que permite que tenga lugar la sanación, aunque en un principio sólo sea en los niveles más sutiles.

¿Qué papeles y responsabilidades tengo como lector akásico practicante?

Una manera de entender su papel como lector akásico practicante es imaginarse a sí mismo como un restaurador de objetos, y a sus clientes como recipientes de cristal transparente que han acumulado polvo a lo largo del tiempo. Algunos de los recipientes están cubiertos con tanto polvo que es difícil ver su oculta belleza. Si se les ve superficialmente, pueden parecer incluso poco atractivos y llenos de defectos. Pero, una vez se limpian con un dispositivo sónico, el polvo se desprende y usted puede ver su perfección. Sin embargo, tiene que realizar este proceso con suma delicadeza, porque si incrementa demasiado las vibraciones sónicas puede causar daños en algunos recipientes; en tanto que, si incrementa la vibración al ritmo adecuado, conseguirá que se desprendan del polvo con suavidad, devolviéndoles así la integridad original.

Como practicante de los Registros Akásicos, su papel consiste en permitir la transmisión de la *energía* akásica, primero, y de la *información,* después. Y este orden es necesario, porque la vibración energética de los Registros es aquello sobre lo cual viaja la información. Así, «bañando» a sus clientes en esta energía y dándoles información, usted les permite «desprenderse del polvo», de tal modo que pueden ver su verdadero yo a la Luz de los Registros.

Aunque su papel pueda parecer superficialmente simple, la preparación que supone convertirse en un buen lector es de vital importancia, y puede precisar de bastante tiempo y esfuerzo. Su preparación personal es un proceso interno en marcha que supone comprenderse a sí mismo a nivel del alma y tomar conciencia de su propia totalidad y bondad anímicas.

A medida que trabaja usted en sus propios Registros y en los Registros de otras personas va teniendo lugar un proceso de sanación natural. Y usted pone en marcha este proceso curativo al situarse en la energía de los Registros de forma consciente, responsable y deliberada. Cada vez que usted abre los Registros, la paz, el amor, la luz y la bondad le envuelven y le impregnan, saturándole a usted y a su campo energético con fuerza vital akásica de la más elevada calidad, con la consiguiente aceleración de las vibraciones energéticas, tanto dentro como en torno a usted, y de cualquier otra vibración que esté lista para moverse a una velocidad más rápida. Y usted experimenta luego esas vibraciones aceleradas como sentimientos elevados y sensaciones acrecentadas.

Cada vez que accede a los Registros Akásicos, la energía del Akasha se encuentra con su energía humana y provoca una especie de «ignición», cuando la Luz del Akasha (que es extremadamente rápida y refinada, aunque indestructible) se encuentra con su energía humana, más lenta y pesada. Cuando sucede esto, las energías más ligeras se congregan para crear una vibración más rápida, y las energías pesadas y densas relacionadas con las emociones negativas y con los patrones de pensamientos repetitivos se desmoronan y son absorbidas por el campo energético de la tierra. Allí se transmutan en patrones de energía que sean más útiles en el plano físico. Así pues, por el mero hecho de estar en los Registros, usted recibe una «afinación energética» que le ayuda a refinar y elevar su propia energía y servir con más efectividad a sus clientes.

Como ya mencioné cuando expliqué la Oración del Sendero, la interconexión entre la energía akásica y la humana tiene lugar a unos 45 centímetros por encima del centro de la corona, en el octavo chakra. En ese punto, la energía akásica fluye a través de un tubo o pilar hueco de Luz, por medio del cual esta energía se introduce en su dimensión interior e infinita. Esta dimensión le conecta con el Universo a través de la persona que usted es en esta vida. En esta dimensión puede encontrar su actual constitución emocional, la estructura y los patrones de su mente, los recursos de su voluntad, de sus sueños, de su alma y de su relación con la Divinidad, y todas las demás partes de usted que tiene por ciertas pero que no puede ver con los ojos físicos.

Tanto si se aceleran como si decaen abruptamente, sus energías densas y pesadas se utilizan siempre para el bien en otras situaciones. Ninguna energía, identifíquese como «positiva» o «negativa», se pierde ni se desperdicia jamás. Cada punto atómico de Luz es útil en su lugar adecuado, y la Luz del Akasha facilita la distribución de energía hasta su justo lugar en el Universo. Para nosotros, los seres humanos, esta experiencia se registra normalmente como un cambio emocional o mental. Durante los cambios emocionales, las energías más densas y lentas, que se expresan como tristeza, miedo, desesperación, resentimiento, ira y frustración, se transmutan en energías superiores, más rápidas, que se expresan como felicidad, alegría, libertad y gozo. Y usted puede experimentar tales cambios por el mero hecho de estar presente en los Registros (aunque esté haciendo una lectura para otra persona). Así pues, si estuviera triste o inquieto con algo antes de abrir los Registros, quizás descubra que, tras la lectura, se encuentra de pronto en un estado de claridad y de esperanza. Y si estuviera confuso con respecto a una decisión inminente, quizás sepa de pronto qué hacer.

Hasta aquí, hemos abordado su preparación como lector practicante, tal como se da a través de los Registros Akásicos. Pero existe otro tipo de preparación que precisa de una participación activa y deliberada por su parte. Para hacer un trabajo efectivo en los Registros y convertirse en el mejor lector posible va a tener que asumir la responsabilidad por ser quien en verdad es, por el lugar que ocupa en la vida y por el modo en que trata usted con la vida que está viviendo. Cuanto más asuma su responsabilidad a la hora de resolver sus problemas personales y por despejarlos de su mente y de su cuerpo, más espacio hará en su interior para acomodar más Luz y salud.

> «El trabajo en los Registros Akásicos no sólo ha cambiado mi vida para bien, sino que me ha salvado literalmente la vida. En la actualidad, soy feliz y me siento libre, comprendiendo bien quién soy y por qué estoy aquí. Siempre les estaré agradecidos a mis Maestros, Profesores y Amados, y a la energía de los Registros en sí.»
>
> —*Paul*

Pero dejemos las cosas claras. Asumir la responsabilidad de uno mismo no debería de confundirse con asumir la culpa por las creencias y los actos de los demás. Usted sólo es responsable de usted mismo, y de hacer las cosas lo mejor que sepa y pueda. Así, en este contexto, asumir la responsabilidad significa aceptar tu vida sin culpabilidades, y comprender que todo tiene un propósito divino, aun cuando no siempre sea obvio. La aceptación, vista desde aquí, no tiene nada que ver con la resignación ni con la derrota. Nada. Más bien, significa llegar a un lugar de paz, y ser capaz de decirse a uno mismo: *Esto es lo que soy, y ésta es mi vida. Cambiaré lo que pueda cambiar, y me liberaré de lo que no pueda cambiar. Sea como sea, estoy haciendo las cosas lo mejor que sé y puedo. Y, haciendo esto como persona, estoy contribuyendo al mayor bien de todos. Ya no necesito mirar a nadie para sentirme mejor. Acepto la responsabilidad de mi vida, y tomaré mis decisiones yo solo (yo sola). Y disfrutaré de los resultados de esas decisiones mientras esté aquí, en la tierra.*

Para llegar a ese lugar de paz y de responsabilidad personal tendrá que mirar en su interior, a fin de encontrar esos patrones de pensamiento, sentimiento y comportamiento que le han estado causando tanto dolor. Afortunadamente, dispone usted de los Registros Akásicos como ayuda en este proceso. Con las orientaciones de sus Maestros, Profesores y Amados, puede examinar sin peligro quién es usted, y puede ser sincero y honesto en lo relativo a las áreas que necesita trabajar. Después, podrá comenzar a hacer cambios en su vida que sustenten su nueva dirección espiritual, que le abran para dejar espacio a más Luz y que le permitan vivir desde un ámbito de gracia y compasión.

«A través de mi trabajo en los Registros he conseguido conocerme a mí misma. La vida está llena de significado, de propósito y de claridad, y sin embargo es maravillosa y misteriosa. La sensación de distanciamiento y la presión existencial que dominaron en otro tiempo mi vida se han desvanecido gracias a mi trabajo en los Registros. Ahora soy mucho más capaz de aceptar a las personas tal como son, y ya no siento que sea responsabilidad mía cambiarlas. Mi sentido del juicio, que era un muro entre el resto del mundo y yo, se ha relajado. Sigue estando ahí, pero en vez de ser agresivo y crítico, es ahora una energía amable de aceptación.»

—*Homa*

Como descubrirá cuando trabaje con sus Registros, la vía para experimentar el mayor alivio, la mayor libertad, la mayor alegría y la mayor paz pasa por retirar la atención de encima de los demás, de lo que hagan o dejen de hacer, para situarla sobre uno mismo con la intención de examinarse en profundidad. Cuando se pregunte a sí mismo: *¿Cómo he respondido yo? ¿Cuál es mi parte en esta situación? ¿Por qué me impido ser amable y cariñoso?*, empezará a descubrir formas de curarse a sí mismo.

El proceso de autodescubrimiento y sanación está en curso. Es como una escuela donde el aprendizaje se realiza a lo largo de todo el año; y en la medida en que esta escuela-vida continúa, las cosas fluyen y refluyen. Habrá momentos en que se sentirá en paz, feliz y libre; y habrá momentos en que se sentirá atascado en viejas ideas y comportamientos, y se sentirá como si a duras penas hiciera progreso alguno. Esos momentos son inevitables en todos los seres humanos. Simplemente, búsquese un lugar tranquilo y abra sus Registros. Sus Maestros, Profesores y Amados estarán encantados de prestarle ayuda y darle apoyo para que recupere la armonía y el equilibrio.

En ocasiones, este trabajo puede parecer abrumador, y sin embargo es una parte necesaria del hecho de ser un lector akásico responsable. En la medida en que continúe en este sendero de responsabilidad personal, crecerá en comprensión y en amor por sí mismo y por los demás. Estas cualidades brillarán a través de usted, convirtiéndolo en un faro de Luz y de sanación para todo aquel o aquella con quien se encuentre. Su habilidad y su éxito como practicante akásico dependerán de la relación que usted tenga consigo mismo, de su propio proceso curativo y de su disposición a dejarse llevar por las fuerzas de la Luz. Y, cuando haga estas cosas, se percatará de forma natural de su potencial para irradiar amor y buena voluntad en su mundo, y para ayudar a los demás de forma comprensiva, bondadosa y poderosa a través de sus lecturas de Registros Akásicos.

A medida que profundice en la sanación energética en los Registros, descubrirá que su nivel de preparación personal dependerá en gran parte de su capacidad para apartarse del camino a fin de que la sanación tenga lugar de la forma más efectiva para sus clientes. También descubrirá que su conocimiento y su comprensión del *proceso en sí* facilitan la sanación de sus clientes. Existen varias razones para ello:

- El hecho de hacer su propio trabajo de sanación energética en los Registros le proporciona un conocimiento de primera mano sobre cómo funciona el proceso. A medida que se familiarice con los tres niveles de la sanación energética (de los que hablaremos en breve), reconocerá con más facilidad el cambio energético que tiene lugar en cada nivel. Después, su capacidad para reconocer estos cambios durante sus propias lecturas le permitirá reconocerlos en las lecturas de sus clientes. En consecuencia, será capaz de ayudar a sus clientes a acomodar con mayor facilidad la energía acelerada de la Luz y a anclar más profundamente su vibración sanadora.

- Hacer su propio trabajo de sanación energética en los Registros le permite aprender a confiar en el proceso, lo cual, a su vez, le ayudará a quitarse de en medio. ¿Recuerda la parte de la Oración de Apertura que dice «protégeme de toda forma de egocentrismo, y dirige mi atención al trabajo que tengo entre manos»? Si tiene usted fe en el proceso y en su capacidad para aplicarlo, podrá mantenerse firme en la Luz y podrá mantenerse enfocado en su cliente, sin distraerse con preocupaciones ni miedos innecesarios.

- Y ya que hablamos de quitarse de en medio: hacer su propio trabajo de sanación energética en los Registros es la forma más rápida de desarrollar una clara altitud de conciencia. Una bien desarrollada altitud de conciencia le permitirá liberarse de su propio «polvo», con lo cual se liberará de enjuiciamientos, actitudes y reacciones, tanto dentro como fuera de los Registros.

- Si permite que sus sentimientos personales emerjan durante la lectura obstruirá el flujo de la Luz y bloqueará su capacidad para reconocer la verdad del nivel del alma acerca de una persona o una situación. Sin embargo, cuando usted despeja sus propios juicios y conoce la verdad sobre *sí mismo*, es mucho más fácil reconocer la verdad sobre otra persona. Así, en vez de juzgar a una persona desde su propia conciencia y perspectiva humana, usted es capaz de decirse a sí mismo: *Dado que conozco la naturaleza divina de esta alma como conozco la mía, sé que la bondad y la totalidad de esta persona se encuentran ahí. Seguiré la Luz hasta que vea la verdadera esencia de esta alma y pueda ayudar a esta persona a verla también.* En cierto modo, este proceso es como cavar buscando oro: si estás seguro de que el oro está ahí, seguirás cavando, porque sabes que, cuanto más caves, más cerca estás de encontrarlo. Pero si trabajas con un «equipo deficiente» el trabajo se hace mucho más difícil, si no imposible algunas veces.

Resumamos lo que hemos expuesto hasta aquí. Su papel como lector akásico practicante consiste en utilizar la energía y la información de los Registros para reconocer la verdad del nivel del alma de su propia esencia, así como la de la esencia de cada uno de sus clientes. Después, cuando usted da una lectura, ese reconocimiento anímico elevará y cambiará la energía y la perspectiva de su cliente de tal modo que, también él o ella, será capaz de reconocer la verdad, y entonces podrá tener lugar la sanación. Éste es tanto su papel como su objetivo; pero, por desgracia, ¡quizás no sea el objetivo consciente del cliente para el cual está haciendo la lectura!

Aunque, en un nivel básico, todas las almas desean experimentar su totalidad y su Unidad con toda la Creación, no todos los *seres humanos* que llegan a usted para una lectura son plenamente conscientes de este deseo. Dicho de otro modo, justo entonces, no están «sintiendo el amor», ni por sí mismos ni por los demás. Así, si está haciendo usted una lectura para «Joe», por ejemplo, y empieza a decirle cuán precioso es (porque ésa es su verdadera esencia, tal como la revelan sus Maestros, Profesores y Amados), a Joe le puede resultar tan desconcertante que su primer impulso sea rechazar aquello e insistir en que no es cierto; especialmente si ha llegado en busca de orientación acerca de algo que ha hecho y que él percibe como un «error», pues sus pensamientos en ese momento acerca de sí mismo serán de cualquier tipo menos positivos. Así, la información akásica que usted comparta con Joe no se va a corresponder con lo que él «sabe» de sí mismo, y será energéticamente incapaz de recibirla.

¿Qué puede hacer usted en esta situación? En primer lugar, manténgase imperturbable. Está bien. Joe tiene razón. Usted tiene razón. Reconozca la verdad que existe tras la reacción de Joe, y no permita que eso le saque a usted de la Luz y le introduzca en sus propios pensamientos, miedos y juicios. Manténgase firme por unos instantes. Respire profundamente, dé un sorbo de agua, y/o dígase para su interior la parte silenciosa de la oración. *(Ayúdame a conocer a «Joseph Allan Woodside» a la Luz de los Registros Akásicos, para ver a «Joseph Allan Woodside» a través de los ojos de los Señores de los Registros, y para que pueda compartir la sabiduría y la compasión que los Maestros, los Profesores y los Amados de «Joseph Allan Woodside» tienen para él.)* O bien, puede abreviar esa oración diciendo: «¡Socorro!», y confiando en que los Maestros, Profesores y Amados de Joe le mantendrán a usted centrado en la Luz a fin de que pueda recibir sus orientaciones.

En tales momentos, es extremadamente importante comprender que ésa puede ser la primera vez en mucho tiempo que Joe haya oído decir algo bueno de él, y el desajuste de percepciones puede ser tan extremo que no esté dispuesto a, o ni siquiera sea capaz de, aceptar lo que es cierto. En cierto nivel, por ejemplo, él puede pensar que usted se está confundiendo con la «agradable» y familiar imagen que él le da (es como si él estuviera mirándose en un espejo y esperando ver lo que siempre ve, pero la imagen que usted le refleja a él es tan extraña que se siente presa del pánico). En otro nivel, Joe puede tener la sensación de que usted, equipado con la Luz del Akasha a modo de láser, está perforando la ilusoria fachada que él está construyendo con el fin de racionalizar su poca disposición a comprender, perdonar, cambiar, decidir, sanar y seguir avanzando en su vida... Pero él está aquí para que usted le haga una lectura, ¿no? A despecho de todos los pataleos y lamentos humanos de Joe, el alma eterna del actualmente conocido como Joseph Allan Woodside se ha plantado aquí en busca de sanación. Esta valiente alma está pidiendo ayuda porque no puede hacerlo por sí sola, y usted está respondiendo a esa llamada. Y es precisamente en momentos como éstos cuando su propio trabajo de sanación personal en los Registros le va a dar soporte como lector practicante. Y también es en estos momentos cuando usted tiene que comenzar a seguir lo que yo llamo los Tres Niveles de Sanación en los Registros Akásicos.

Los Tres Niveles de Sanación en los Registros Akásicos

Para que un problema se resuelva de forma permanente se requiere de la evolución permanente del alma. En otras palabras, para que una persona pueda tener algún tipo de sanación en los Registros, primero tendrá que experimentar un cambio permanente en el modo en que se percibe a sí misma. Más tarde, esa nueva percepción llevará eventualmente a un cambio en el modo en que la persona se trata a sí misma. Pero, a veces, como en el caso de Joe, la gente no puede experimentar esos cambios a menos que usted, la lectora akásica practicante, les lleve a través de los Tres Niveles de Sanación: comprender la historia desde el punto de vista del cliente, buscar las causas y las circunstancias, y reconocer la verdad del nivel del alma.

Nivel 1: Comprender la historia desde el punto de vista del cliente

Durante este primer nivel de sanación, va a trabajar en el nivel del problema y de sus manifestaciones físicas. Cuando una persona acude a usted para una lectura, normalmente lo hace porque tiene un problema o una situación que no puede resolver por sí sola. Puede estar afectada, iracunda, dolida, confusa o, incluso, desesperada, y quizás sea usted su último recurso. Así pues, lo primero que tiene que hacer después de abrir los Registros del cliente es escuchar su historia. Deje que su cliente le describa el problema tal como él o ella lo ve actualmente: en qué consiste, cómo y cuándo comenzó, quién más hay implicado y qué complicaciones ha provocado. Mientras escucha, acepte por completo a la persona y a su historia sin juicios ni ideas preconcebidas, porque usted sabe que este ser humano ha estado haciendo las cosas lo mejor que sabía y podía hacerlas. También sabe que lo que está escuchando es la verdad transitoria de esta persona, contada desde su perspectiva humana, y que no es necesariamente la verdad en el nivel del alma.

Dado que la energía viaja a través de la palabra hablada, el reconocimiento verbal del problema por parte de su cliente es el primer paso del proceso de sanación. He aquí un ejemplo de cómo funciona. Digamos que «Jillian» viene a usted para que le haga una lectura. Después de obtener su nombre legal actual, usted pronuncia la Oración de Apertura para acceder a los Registros Akásicos de Jillian. Una vez abiertos los Registros, usted dice: «Veo que no te encuentras bien. ¿Puedes decirme qué está pasando?». Y entonces Jillian le explica que está muy alterada y abrumada por hallarse en medio de un largo proceso de divorcio; que está enfurecida y amargada, y que ya no puede soportarlo más. Luego, le describe los detalles del divorcio, inclusive el cómo y el por qué se iniciaron los procedimientos y de qué modo le está afectando el divorcio en su vida.

Mientras Jillian habla, su trabajo consiste en escuchar la historia que ella le cuenta y comprenderla desde el punto de vista de ella. En lugar de enjuiciar a Jillian, a su marido o al proceso de divorcio en sí, permanezca con ella y con su historia. No proyecte sus propias experiencias ni las compare con las de ninguna otra persona que conozca. Simplemente escuche, y conviértase en el amplio conducto que permite que la información sea recibida y transmitida durante la lectura.

Puede parecer que no ocurre nada importante durante este nivel de la lectura de Jillian. Pero si ella puede contar su historia, y usted puede escucharla sin enjuiciarla, se estará dando el primer nivel de sanación. He aquí lo que sucede: cuando abre los Registros de Jillian, está «llamando al timbre de la puerta akásica» y está pidiendo que el Akasha entre en su conciencia y que les envuelva a usted y a Jillian en la Luz. Después, usted inicia la sanación pidiéndole a Jillian que cuente su historia. Cuando Jillian empieza a hablar, la energía de sus palabras hace que la Luz del Akasha se intensifique y acelere su vibración. Cuanto más escuche a Jillian de forma compasiva y comprensiva, más fácil le resultará a la Luz hacer su trabajo, y con más rapidez resonarán ustedes dos ante la vibración acelerada de la Luz. Una vez se haya dado esta aceleración, Jillian y usted recibirán el «empujón» energético que necesitan para pasar al nivel 2.

Nivel 2: Buscar las causas y las circunstancias

Este nivel de sanación le lleva a los dominios de las causas y las circunstancias. Después de que el cliente haya terminado de describir su problema, usted puede pedir a los Registros que revelen las causas y las circunstancias de éste. A veces, la causa puede ser física, como en el caso de alguien que haya nacido con una enfermedad congénita o que haya desarrollado un cáncer por trabajar con amianto durante muchos años. En otras ocasiones, la causa puede ser mental o emocional, como en el caso de alguien que tenga una creencia o una actitud concreta que provoca que ocurra algo, o que impida que ocurra. Aun en otros casos, la causa puede ser «invisible», debida a determinadas experiencias, decisiones o creencias de una vida pasada, o bien debido a ciertas influencias ancestrales.

Algunos problemas se pueden sanar en el nivel 2, cuando lo único que se precisa es la información referente a la causa o a la circunstancia. Dicho de otro modo, cuando el problema estriba en una falta de comprensión, la información es la solución. Por ejemplo, mientras cuenta su historia en el nivel 1 de una lectura, «Larry» dice que su problema es una laringitis crónica, de la cual sus médicos no han sido capaces de determinar causas o curas. Así, usted les pide a los Maestros, Profesores y Amados de Larry que revelen el origen del problema. Ellos le muestran una vida pasada en la que el alma conocida ahora como Larry fue ahorcada por dar voz públicamente a sus creencias, y usted le cuenta los detalles de esta experiencia a Larry tal como los recibe. Cuando termina, Larry dice: «¡Oh, vaya! ¡Ya lo entiendo! La laringitis se me declaró hace unos cuantos años, después de una concentración de protesta que organicé. Al principio me culpaba a mí mismo del problema, pues pensaba que había gritado demasiado aquel día y me había dañado las cuerdas vocales. Pero los médicos que me examinaron me dijeron que no podía ser aquélla la causa. De lo que ahora me doy cuenta es de que mi miedo latente a ser colgado por pronunciarme me hizo perder la voz aquel día, tanto de una forma literal como figurada, dado que fue la última concentración de protesta que haya organizado o a la que haya asistido».

Para Larry, este instante de verdad es todo cuanto necesita para sanarse. Se da cuenta de que puede liberarse de su miedo a declarar en público sus creencias, porque sabe que no va a ser ahorcado por pronunciarse públicamente en esta vida. Esta información akásica, transmitida a través de la energía de la voz *de usted,* hace que Larry tome conciencia de que no hay ningún problema en él ni en su voz, *la de él.* Se libera de su miedo y consigue sentirse en paz. Y, con el tiempo, no sólo recupera la voz física, sino también el coraje para pronunciarse en futuras concentraciones de protesta.

Aunque la información que se revela durante el nivel 2 puede ser sumamente útil (y quizás, como en el caso de Larry, puede ser todo cuanto necesita una persona para poder resolver el problema), se sigue considerando una verdad transitoria, porque usted está viendo a un alma particular en el contexto de una encarnación humana pasada, en lugar de ver su verdadera esencia como un ser eterno divino.

Cuando la información revelada en este nivel no es suficiente para disipar el problema, o incluso para hacer que suelte la presa, hay que pasar al nivel 3.

Nivel 3: Reconocer la verdad del nivel del alma

En tanto que, en el nivel 1, lo que se pretende es que escuche usted a sus clientes, lo que se pretende en el nivel 3 es que los clientes *se conozcan*. El nivel 3 es el dominio de la verdad del alma, esencial y permanente. Es el nivel en el cual usted, como lector, puede ver a una persona tal como es vista, conocida y amada en los Registros Akásicos. Trabajar en este nivel le permite a usted trascender la esfera del problema terrestre y mundanal de la persona para introducirse en el reino de la conciencia divina. Es en este nivel donde usted puede ver que, sea lo que sea que esté experimentando su cliente justo ahora (una adicción a las drogas, una enfermedad, un divorcio, el trauma posterior a un accidente), eso es algo realmente perfecto y necesario, porque es el vehículo más efectivo para el crecimiento del alma de su cliente.

Volvamos al caso de Joe. Si usted estuviera hablando con él en este nivel, podría descubrirse diciéndole que sus Maestros, Profesores y Amados consideran que tiene un alma fuerte y valiente, por haber elegido una lección o un sendero tan dificultoso. Aunque él siguiera mostrándose reacio a oír hablar bien de él por el hecho de resultarle difícil ver la verdad, *usted* no tendría ningún problema en ver a Joe como al alma formidable que en realidad es. Tampoco tendría ningún problema en comprender que, aunque Joe pueda pensar que su «recipiente» es insulso o defectuoso, siempre dispondrá en su interior del potencial y de los medios necesarios para generar el cambio. Así, si Joe no puede «sacudirse el polvo de encima» justo en este momento, no le presione. Por algún motivo, él siente la necesidad de seguir ahí. Intentar precipitar o forzar el proceso de Joe en estos momentos podría ser perjudicial para él. Y así, en vez de juzgarle por aferrarse a esa postura, siga diciéndole simplemente la verdad que sus Registros revelan.

Por ejemplo, usted podría decirle que, aunque *él* no lo sepa ahora, sus Maestros, Profesores y Amados saben que él es mucho más que un cuerpo físico y unas circunstancias, que su alma jamás podrá enfermar, y que, aunque en estos momentos pueda sentirse bastante lejos de Dios, siempre está y estará conectado con Dios y con toda su creación. Energéticamente hablando, aquello en lo que nos enfocamos se expande; de modo que, dejando que Joe se enfoque en estas verdades, usted está proporcionándole la oportunidad de abrir el corazón y expandir la visión que tiene de sí mismo.

Mientras esté hablando con Joe, deberá recordar que la energía de los Registros Akásicos se está transmitiendo a través del sonido de su voz. Usted no necesita dirigir la energía; la Luz irá adonde tenga que ir, y proporcionará lo que tenga que proporcionar. En la medida en que usted conecte con la verdad de Joe, él resonará hasta esa vibración y comenzará a recibir su sanación, aunque la sanación suponga hacer las paces con su enfermedad o imperfección humana transitoria, y aun cuando eso signifique que, a veces, es la enfermedad o imperfección en sí la que lleva a la sanación anímica más profunda y a la experiencia más rica para llegar a conocer a Dios.

Cuando salga del nivel 3 y se prepare para cerrar los Registros, convendrá que recuerde que el resultado de la lectura no depende de usted en ningún caso. Su responsabilidad comienza y termina estando lo más en forma posible espiritualmente, a fin de mantener la integridad de los Registros y de ayudar a todas las almas en su viaje. Haga lo que haga su cliente con lo que usted le transmita es algo que dependerá completamente de él o ella. Puede haber clientes que se vayan de su casa o de su consulta y no tarden en olvidarse de la lectura. Otros quizás asimilen la información con el tiempo y la apliquen en la medida de sus posibilidades. Puede que haya otros que den un salto al término de la lectura y decidan en ese mismo momento que van a cambiar su vida. Repito, decidan lo que decidan, ése es un asunto que no está bajo su control. Desprenderse de la creencia de que *sí está* bajo su control le «protegerá de toda forma de egocentrismo». Y asuma, por otra parte, la idea de que, en algún nivel, cada persona «lo conseguirá» en el momento oportuno, si no en esta vida, en la siguiente... o en la siguiente... o en la siguiente.

¿Cómo puedo reconocer los Tres Niveles de la Sanación?

Los ejercicios que vienen a continuación le ayudarán a familiarizarse con los Tres Niveles de la Sanación en los Registros. El primer ejercicio le ayudará en el trabajo y la práctica de sus propios Registros Akásicos. El segundo ejercicio le ayudará en el trabajo y la práctica de los Registros de los demás.

Nota: Aunque he dividido cada ejercicio en tres lecturas separadas para facilitar su aprendizaje, se entiende que los tres niveles tienen lugar en una única lectura.

EJERCICIO: Los Tres Niveles de la Sanación (trabajando en sus propios Registros Akásicos)

Nivel 1: Cuente su historia desde su propio punto de vista

1. Piense en un problema o situación que siga «con vida» para usted ahora, y con el cual le gustaría poder recibir alguna ayuda.

2. Utilice la Oración de Apertura de la página 74 para acceder a sus propios Registros Akásicos.

3. Cuente su historia a sus Maestros, Profesores y Amados. (Plásmela por escrito o cuéntela en voz alta, lo que le resulte más fácil.) Mientras describe el problema desde su perspectiva, incluya detalles relativos a cómo y cuándo comenzó, quién se halla involucrado, qué impacto ha tenido y qué complicaciones ha provocado.

4. Mientras describe su problema, haga una pausa de vez en cuando y hágase estas preguntas:

   - ¿Cómo me siento conmigo mismo ahora? ¿Me estoy juzgando a mí mismo de algún modo? (Soy bueno/Soy malo; Tengo razón/No tengo razón; Debería haber pensado, dicho, hecho tal, o de un modo en particular.)
   - ¿Cómo me siento con respecto al problema o situación? ¿Lo estoy juzgando de algún modo? (Es estúpido; es una locura; es un error; me hace sentirme desdichado a diario; no debería

haber ocurrido jamás. *O bien:* Lo que hice estuvo totalmente justificado; ¡todos los demás están equivocados!)

5. Si se descubre con una actitud enjuiciadora, pida a sus Maestros, Profesores y Amados que le ayuden a comprender que, en este momento en concreto, usted no tiene una imagen completa del problema, ni está viéndose a sí mismo ni a los demás como en verdad son. Pida también a sus Maestros, Profesores y Amados que le ayuden a ver que su situación ni es buena ni mala; que, simplemente, *es.* Del mismo modo, que sus sentimientos acerca de sí mismo y de la situación ni son buenos ni malos; simplemente, *son.* ¡Evidentemente, son, existen! Y sean lo que sean, está muy bien que sean así en este momento... de modo que termine de contar la historia, pero sin juicios.

6. Es probable que sienta un cambio para cuando haya terminado de contar su historia. Puede ser algo así como un suspiro de alivio, como si el relatar su problema sin enjuiciar nada le hubiera ayudado a sacárselo del pecho (literalmente, despeja el espacio de su corazón de energías pesadas) y comenzara ahora a respirar un poco mejor. Usted está comenzando también a verse a sí mismo y a su problema desde una perspectiva más amplia, más compasiva.

7. En este estado de conciencia expandida, pronuncie la Oración de Clausura de la página 75 para salir de los Registros Akásicos.

Nivel 2: Pregunte por las causas y las circunstancias

1. Recuerde el problema o la situación que describió durante la lectura del nivel 1. (Si plasmó por escrito su problema, podría estar bien que revise sus notas.) Después, utilice la oración de la página 74 para abrir sus Registros Akásicos.

2. Pida a sus Maestros, Profesores y Amados que le muestren las causas de su problema. Si necesita alguna ayuda para empezar, he aquí algunas preguntas que puede utilizar:

   • ¿Comenzó el problema en esta vida? Si es así, ¿qué lo causó? (¿Fue hereditario o ambiental? ¿Fue algo que hice o dije? ¿Fue una opinión o una creencia que tenía o sigo teniendo? ¿Fue algo que no soy capaz de ver?)

- ¿Qué lección puedo aprender de este problema en concreto, y de qué modo me ayuda en el crecimiento de mi alma?
- ¿Qué otra información me podéis dar que me ayude a cambiar de perspectiva y me lleve a una resolución y a la sanación?

O bien:

- ¿Comenzó mi problema en otra vida? Si es así, ¿podéis mostrarme las causas y las circunstancias?
- ¿Cómo y por qué me traje este problema hasta la vida actual?
- Si el problema ha cumplido con un propósito y con una utilidad, ¿cómo puedo desprenderme de él?
- Si todavía tengo que trabajar con el problema en esta vida, ¿qué conviene que sepa o que haga para comenzar a resolverlo?

3. Mientras sus Maestros, Profesores y Amados le revelan las causas de su problema, quizás se descubra en uno de esos instantes de comprensión repentina que le ayuden a cambiar drásticamente de perspectiva y le encaminen hacia la sanación. Cuando sienta que ese cambio se ha registrado suficientemente, vaya a la página 75 y cierre sus Registros Akásicos.

O bien:

4. Si tiene usted algún problema para comprender y aceptar lo que sus Maestros, Profesores y Amados le dicen, no se esfuerce. Simplemente, cierre los Registros Akásicos y siéntese durante un rato con toda esa información. Dispondrá de otra oportunidad para obtener claridad cuando abra sus Registros en el nivel 3.

Nivel 3: Reconozca la verdad del nivel del alma

1. Utilice la oración de la página 48 para abrir sus Registros Akásicos.

2. Recuerde la lectura del nivel 2. Si la energía y la información de esta lectura fueran suficientes como para cambiar su perspectiva y anclar su sanación, pida a sus Maestros, Profesores y Amados que

le muestren cómo se le ve, se le conoce y se le ama a usted en los Registros. En otras palabras, pídales que le muestren la verdadera esencia de su alma de un modo que le ayude a verla usted también. Y pídales asimismo que le muestren en qué sentido este problema en concreto era perfecto para el crecimiento de su alma.

3. Quédese un poco más de tiempo en los Registros y déjese bañar por la Luz del Akasha. Deje que fortalezca y eleve su vibración, y que le ayude a darse cuenta de quién es usted. Y después, cuando se sienta preparado, pronuncie la oración de la página 75 y cierre sus Registros.

O bien:

4. Si todavía le resulta difícil comprender o aceptar lo que sus Maestros, Profesores y Amados le dijeron durante la lectura del nivel 2, pídales que le ayuden a ver la verdad del nivel del alma acerca de quién es usted. Si esa verdad le resulta demasiado difícil de aceptar en este momento, pídales que le ayuden a aceptar el hecho de que ahí donde se encuentra usted en este momento es donde necesita estar, que es el contexto perfecto en el cual podrá aprender esta lección del alma en concreto; y eventualmente, a su debido tiempo, el de usted, encontrará la paz y la resolución.

5. Cuando se sienta preparado, pronuncie la oración de la página 75 y cierre sus Registros Akásicos.

EjERCICIO: Los Tres Niveles de la Sanación (trabajando en los Registros Akásicos de otras personas)

Nivel 1: Comprenda la historia desde el punto de vista del cliente

1. Pídale a alguien que esté abierto a las lecturas de los Registros Akásicos que le ayude con este ejercicio. Dígale que va a hacer este ejercicio para practicar, y que va a entrar en sus Registros tres veces. Pídale a la persona que se prepare para esta primera lectura reflexionando sobre un problema o situación con el cual esté forcejeando en estos momentos.

2. Antes de abrir los Registros de la persona, pídale que se formule esta pregunta regularmente a lo largo de la lectura: *¿Se me está juzgando de algún modo en estos momentos?* Si la respuesta es *sí,* la persona deberá decírselo en el momento que suceda.

3. Utilice la Oración de Apertura de la página 74 y el nombre legal actual de él o ella para acceder a sus Registros Akásicos.

4. Pídale a la persona que comparta su historia con usted y con los Maestros, Profesores y Amados. Mientras la persona les describe el problema o la situación, esté atento a todos los detalles respecto a cómo y cuándo comenzó, quién o quiénes están involucrados, qué impacto ha tenido hasta el momento y qué complicaciones ha provocado.

5. Y, por otra parte, mientras la escucha, pregúntese lo siguiente:

   - ¿Cómo me siento con esta persona justo ahora? ¿Estoy juzgándola de un modo u otro? (¡Uau! ¡Qué persona más mezquina/estúpida/irritante! No me extraña que la gente la evite. *O bien:* ¿En qué estará pensando este hombre? En estos momentos, no me gusta demasiado. *O bien:* ¡Uau! ¡Qué persona más dulce/considerada/bondadosa! ¡Me gustaría ser como ella! *O bien:* ¡Oh, cielos! ¡Este chico es como mi jefe/compañero de trabajo/novio/hermano. ¡Sé exactamente qué clase de persona es!)
   - ¿Cómo me siento en lo relativo a su problema o situación? ¿Estoy juzgándola de un modo u otro? (Es estúpido; es una locura; es un error; no debería de haber sucedido algo así, ¡pero me doy perfecta cuenta de por qué sucedió! *O bien:* La discusión de Jim con su hermano se parece mucho a una pelea que tuve con mi hermana. Ya sé lo que Jim debería de hacer para resolver el problema.)

6. Si se descubre enjuiciando de un modo u otro, pida a los Maestros, Profesores y Amados de la persona que le ayuden a comprender que, en este momento en concreto, usted no tiene una imagen completa de lo que está sucediendo, y que tampoco está viendo a la persona como es en verdad. Pida también a los Maestros, Profe-

sores y Amados que le ayuden a darse cuenta de que ni esta persona ni el problema son buenos o malos en sí; que, simplemente, *son*. Y después, desde esta nueva perspectiva, siga escuchando sin enjuiciar.

7. Cuando la persona haya terminado de contarle su historia, es probable que uno de los dos o ambos sientan un cambio. En el caso de usted, podría sentirlo como si su corazón se hubiera abierto y le permitiera ver a esta persona de un modo diferente, desde una perspectiva no enjuiciadora. En cuanto a la otra persona, podría sentirlo como si el mero hecho de relatar su problema sin ser juzgada hubiera despejado el espacio de su corazón, cambiándole también la perspectiva.

8. En este nuevo estado de expansión de la conciencia, pronuncie la Oración de Clausura de la página 75 para salir de los Registros Akásicos de la persona.

Nivel 2: Busque las causas y las circunstancias

1. Utilice la oración de la página 104 para abrir los Registros Akásicos de la persona.

2. Pida a los Maestros, Profesores y Amados que revelen las causas del problema que la persona describió en el nivel 1. Si necesita algo de ayuda para comenzar, he aquí algunas preguntas que puede formular:

   • ¿Comenzó el problema en esta vida? Si es así, ¿cuál fue su causa? (¿Fue hereditaria o ambiental? ¿Algo que la persona hizo o dijo? ¿Una opinión o una creencia que está persona mantenía o sigue manteniendo? ¿Algo que esta persona no sea capaz de ver?)
   • ¿Qué lección puede aprender esta persona de este problema en concreto, y de qué forma le ayuda en el crecimiento de su alma?
   • ¿Qué otra información podéis darme para ayudar a esta persona a que cambie su actual perspectiva y se encamine hacia la resolución y la sanación?

O bien:

   • ¿Comenzó el problema en otra vida? Si es así, ¿cuáles fueron las causas y las circunstancias?

- ¿Cómo y por qué esta persona trajo el problema hasta esta vida?
- Si el problema ha cumplido con su propósito y utilidad, ¿cómo puede esta persona librarse de él?
- Si la persona necesita trabajar aún con el problema en esta vida, ¿qué conviene que sepa para que comience a resolverlo?

3. Mientras los Maestros, Profesores y Amados de la persona revelan las causas del problema, la persona puede tener un instante de comprensión repentina que transforme su perspectiva drásticamente e inicie la sanación. Cuando sienta que la persona ha registrado suficientemente este cambio, puede ir a la página 105 y cerrar los Registros Akásicos.

4. Si la persona tiene dificultades para comprender o aceptar lo que los Maestros, Profesores y Amados le dicen, no se esfuerce. Simplemente, cierre los Registros y deje que la persona medite sobre la nueva información durante un rato. Dispondrán de otra oportunidad para aclarar las cosas cuando abran los Registros de la persona del nivel 3.

Nivel 3: Reconozca la verdad del nivel del alma

1. Utilice la oración de la página 104 para abrir los Registros Akásicos de la persona.

2. Si la información que recibieron durante el nivel 2 fue suficiente para proporcionarle claridad y sanación, puede usted ir al siguiente paso. Pida a los Maestros, Profesores y Amados que le muestren cómo esta persona es vista, conocida y amada en los Registros. Averigüe cómo transmitir esta conciencia a la persona. En otras palabras, pídales que le muestren la verdadera esencia de esta alma, pero de tal modo que le ayude a ella a verlo también así.

3. Quédense durante un rato en los Registros Akásicos de la persona, y dele tiempo para que se sumerja en su energía e información. Deje que la Luz del Akasha fortalezca y eleve la vibración de esta persona (y la de usted) mientras la ayuda a tomar conciencia de la verdad del nivel del alma.

4. Cuando lo considere oportuno, pronuncie la oración de la página 105 y cierre los Registros Akásicos de la persona.

O bien:

5. Si la persona tiene aún dificultades para comprender y aceptar lo que los Maestros, Profesores y Amados dijeron durante el nivel 2, pídales que le ayuden a mostrarle a esta persona la verdad anímica de su esencia. Asegúrese de que está usted abierto al reconocimiento de la perfección y magnificencia de su cliente. Pídales a los Maestros, Profesores y Amados que le ayuden a usted y a la persona a aceptar y apreciar quién es ella en este preciso momento, con independencia de dónde se encuentre en el proceso sanador.

6. Cuando lo considere oportuno, pronuncie la oración de la página 105 y cierre los Registros Akásicos.

Capítulo 6

✦

CÓMO SANAR PATRONES ANCESTRALES EN LOS REGISTROS AKÁSICOS

A medida que vaya haciendo más y más lecturas para usted misma y para los demás, quizás comience a tomar conciencia de algo interesante: que las causas de los problemas de la gente en esta vida suelen deberse a patrones de creencias, actitudes o comportamientos que han heredado de sus antepasados. Así pues, los siguientes pasos lógicos en el trabajo de sanación con los Registros pasan por explorar su linaje ancestral y liberarse de los patrones ancestrales perjudiciales.

El trabajo ancestral en los Registros es, por otra parte, lógico y natural, porque todas las ocurrencias del pasado y del presente, así como las probabilidades futuras, se conservan dentro del Akasha. Así pues, usted puede trabajar en los Registros para aprender no sólo de qué modo le afectan actualmente sus antepasados, sino también qué decisiones puede estar tomando ahora que afectarán a las generaciones futuras. En esencia, el trabajo en los Registros Akásicos para sanar sus patrones ancestrales limitadores le ayudará a:

- Explorar la verdadera naturaleza de sus linajes ancestrales.

- Liberarse de patrones de conciencia heredados que son perjudiciales para el crecimiento de su alma, así como para el crecimiento de todo su grupo de almas.

- Alinearse con las probabilidades más elevadas de su linaje ancestral, con el fin de ayudar en su evolución futura.

¿Quiénes son mis antepasados?

Normalmente, la gente define a sus antepasados en términos de «árbol familiar»: las generaciones pasadas de familiares de los cuales descienden directamente. Aunque esta definición es cierta en los Registros Akásicos, también es cierto que en los Registros sus antepasados pueden ser almas con las cuales está usted relacionado en conciencia, pero no necesariamente por nacimiento. Además, si tenemos en cuenta la verdad anímica de que todos somos Uno y de que estamos relacionados a través de nuestro ADN, que es algo que compartimos todos, tendremos que llegar a la conclusión de que ¡todos son nuestros antepasados! Pero, para los propósitos de este libro, utilizaremos la descripción akásica de *antepasados*: cualquiera que esté relacionado con usted en el nivel del alma, sea una relación biológica o no.

A medida que pasa usted de vida en vida, viaja frecuentemente con diversos grupos de almas ancestrales que comparten los mismos objetivos personales, universales y anímicos. Elegirá a un grupo en particular para promover simultáneamente su propio crecimiento anímico y el crecimiento del alma del grupo. Como tal, las almas que componen un grupo se comprometen a mantenerse juntas y ayudarse unas a otras a experimentar situaciones que les ayuden a tomar conciencia de sus objetivos. Con independencia de los objetivos menores o intermedios del grupo, el objetivo último es siempre el mismo: alcanzar la paz entre todos sus miembros. Pero este objetivo no suele lograrse con rapidez, ni siquiera en una vida. Más bien, se logra a través de una serie de vidas, durante las cuales todos incrementan su crecimiento, de generación en generación, mientras aprenden a equilibrar sus «opuestos kármicos». Por ejemplo, supongamos que dos almas pertenecientes a un mismo grupo ancestral llegan al acuerdo de ayudarse mutuamente a aprender una lección de amor incondicional. Las dos almas encarnan en una misma vida, una como un rico empresario y la otra como una persona sin techo y con una enfermedad mental, con la que el primero se cruza por la calle todos los días. Para estas dos almas, sus papeles «opuestos» les permiten incontables oportunidades de experimentar el amor incondicional. Más tarde, en vidas posteriores, estas mismas almas siguen cambiando sus papeles y eligen el contexto en el cual representarlos, de tal modo que ambas descubren cómo se sienten al estar en ambos lados de la misma moneda kármica. En última instancia, cuando las dos almas han experimentado una expresión completa e íntegra del amor incondicional, encuentran la paz entre ellas y pasan su existencia en armonía. En ese punto, ambas almas se liberarán para unirse a otros grupos ancestrales, con el fin de tener otros tipos de experiencias y aprender otros tipos de lecciones.

En cuanto a su grupo ancestral en esta vida, muchos de sus miembros guardan una relación biológica con usted. Pero hay otros que están relacionados con usted por su deseo de llevar a cabo un objetivo común. Con independencia de cómo esté conectado su grupo ancestral, ustedes permanecerán juntos, para bien o para mal, hasta que su trabajo kármico se haya completado y hayan llegado a amarse unos a otros. El *modo* en que ustedes interactúen variará ampliamente: unas veces, usted será amable y compasivo; y otras veces se mostrará vengativo y mezquino. En realidad, carece de importancia, siempre y cuando ustedes estén cumpliendo con sus papeles kármicos dentro de sus linajes ancestrales... y siempre y cuando terminen amándose unos a otros cuando todo se haya dicho y hecho.

¿Cómo se unen las almas a los linajes ancestrales?

Su grupo anímico ancestral en esta vida consta de diferentes linajes ancestrales que se «entrecruzan», algunos de los cuales elige usted para nacer y algunos de los cuales elegirá posteriormente en su vida. Como tal, existen varias formas en las cuales su alma puede unirse a diferentes linajes ancestrales. La forma en la cual la mayoría de las almas se unen a su principal linaje ancestral consiste en nacer dentro de un árbol familiar. En tal caso, los miembros de un linaje concreto estarán vinculados todos ellos a través de su código genético. Otra forma en que las almas se unen a linajes ancestrales es siendo adoptadas por ellos. Cuando un grupo de almas se une de este modo, se dan diferentes experiencias kármicas para el niño adoptado, para los padres biológicos, y para los padres y la familia adoptiva.

Otra forma en que las almas se unen a linajes ancestrales es a través del matrimonio. Se suele decir que cuando te casas con una persona cargas con toda la tribu de esa persona. Y esto es especialmente cierto desde un punto de vista akásico, ya que, a despecho de cómo te lleves con esa «tribu», tu decisión de estar con ellos es deliberada y tiene un propósito anímico específico. Aun cuando intentes escapar del linaje de tu pareja divorciándote legalmente de ella, tu conexión con ese linaje seguirá activo hasta que termines tu trabajo con tu expareja. Así, si usted lleva un tiempo divorciado o divorciada de su pareja, pero sigue alimentando resentimiento en su interior, vuelva atrás en este libro y haga el primer ejercicio del capítulo 5 (página 127); y, durante el ejercicio, averigüe qué puede hacer para sanar su resentimiento. Esa sanación es para usted exclusivamente. ¿Qué otra cosa puede hacer, cuando la única forma de liberarse de una persona es mediante una separación pacífica? Si no tiene una separación pacífica, sino que se dedica a forcejear con «los lazos que les unen», lo único que conseguirá será apretar aún más los lazos y sentirse peor. Sin embargo, si alcanza un punto neutral, un punto de paz, aflojará los lazos y podrá moverse más cómodamente.

Como ya mencioné antes, otra forma en que las almas se unen a linajes ancestrales es mediante el derecho de conciencia compartida. En este caso, cada alma de un linaje ancestral concreto acepta formar parte de ese linaje con el fin de elevar su conciencia colectiva. Si la tarea kármica del linaje es especialmente difícil, su resolución podrá llevar varias vidas. Pero cuando el linaje haya completado su tarea, los lazos kármicos se aflojarán y se desactivarán, y la sanación descenderá sobre el linaje. Entonces, las almas se verán libres para seguir avanzando y unirse a otros linajes ancestrales.

«Los Registros me ayudan a identificar mis bloqueos al crecimiento, y me enseñan de qué modo superar mi energía negativa. Por ejemplo, yo había levantado un muro entre mi familia y yo porque el modo en que yo intentaba "ayudarles" les resultaba realmente ofensivo. Yo no comprendía aquello, y durante años me sentí frustrada, porque ellos se enfadaban conmigo por el hecho de que yo intentara ayudarles de aquel modo. Cuando comprendí los patrones existentes entre nosotros, se disolvieron décadas de dolor y de incomprensiones. En la actualidad, mantengo una relación más íntima y cariñosa con mi familia de lo que nunca había tenido.»

—*Kathryn*

¿Qué responsabilidad tengo yo con mis antepasados?

La persona que es usted en esta vida es el punto de convergencia de todas sus relaciones y linajes ancestrales a lo largo de toda la existencia de su alma. Cuando trabaja consigo mismo en esta vida y encuentra compasión y paz en su interior, no sólo se libera de los juicios sobre sí mismo, sino que también libera al resto de su linaje ancestral. Y, cuanto más consiga de este modo, más capaz será de proporcionar crecimiento y sanación a todo su grupo anímico ancestral, tanto ahora como en el futuro.

La forma más efectiva de aprender acerca de sí mismo y de sanar desgarros kármicos, tanto en su propio yo como entre usted y los demás, consiste en trabajar en sus Registros Akásicos para obtener la perspectiva que los Registros proporcionan. Cuando sea capaz de aceptar la verdad del nivel del alma que los Registros ofrecen, podrá cambiar antiguas creencias, patrones y comportamientos, y podrá sanarlos bien. Así pues, concéntrese en sí mismo, no en los demás, y busque orientación para poder ver las situaciones en función de sus propósitos anímicos y de los beneficios kármicos últimos. Por otra parte, pida que se le muestren los papeles y las responsabilidades de ellos dentro de sus linajes ancestrales.

Si se esfuerza por hacer las paces consigo mismo, favorecerá una sanación y una transformación profundas. Aunque sea la única persona que es consciente de lo que está ocurriendo, los cambios que se den en usted dejarán el espacio suficiente como para que se den cambios en los demás, y todo su linaje ascenderá. En la medida en que aprenda a aceptar mejor a los demás, descubrirá que es más fácil compartir cualquier cosa que usted pueda ofrecer. Y esto, a su vez, reducirá la necesidad de los demás de tirar de usted para obtener lo que necesitan. Cuando se instala un proceso de dar-y-recibir adecuado, todo el mundo implicado disfruta de un nuevo nivel de armonía y de paz.

> «Los Registros han supuesto una gran ayuda para mí en las turbulentas relaciones que mantenía con uno de mis familiares. La relación era muy dolorosa para ambos, y me puse a mirar en los Registros con el fin de justificar mis sentimientos negativos. Pero, en vez de eso, ¡lo que mi alma quería era que rezara por esa persona tres veces al día!
>
> —Nancy

Aunque en su familia le consideren la «oveja negra», puede crear un entorno más pacífico y de mayor aceptación. De hecho, éste es el imperativo kármico de la oveja negra. De modo que no se preocupe por el hecho de que le vean de ese modo; usted *es* realmente un poco diferente del resto. Forma parte de esa raza extraña e inusual que se separa del rebaño, y es la única persona que no puede hacer otra cosa salvo vigilar. Con todos los ojos puestos sobre usted, tiene la oportunidad de soltar su propia resistencia para aceptar a personas que son diferentes. Irónicamente, usted, como oveja negra, puede que quiera amor, comprensión y aceptación de los demás; pero dese cuenta (desde la perspectiva de los Registros) de que es el único que debe *dar* esas cosas primero, para que ellos le amen, le comprendan y le acepten finalmente.

En la medida en que acepte a sus antepasados tal como son y por lo que sean o no, todo en su interior se verá liberado. Así es como usted ayuda en la sanación de su linaje ancestral. Sea audaz en su amor, en su aceptación y en su comprensión por todos en la familia, especialmente de aquellos que se lo ponen difícil. Los Registros le darán la claridad y la energía necesarias para cumplir con su papel, que favorecerá la evolución de su actual linaje ancestral y de todas las almas que se le unan en el futuro.

¿Cómo puedo explorar a mis antepasados y su influencia en mi vida?

El siguiente ejercicio le permitirá explorar uno de sus actuales linajes ancestrales. Las preguntas se formulan de tal modo que pueda aplicarlas en sus Registros, así como adaptarlas fácilmente para utilizarlas con sus clientes. Siéntase libre para repetir estos ejercicios tanto como guste, a fin de explorar diferentes linajes ancestrales dentro de su grupo anímico más grande.

Cuando haga los ejercicios, quizás descubra que sus Maestros, Profesores y Amados optan por responder a las pregunta tal como están escritas. Alternativamente, quizás decidan combinar una o más preguntas, o bien responderlas en un orden diferente. Pero, decidan como decidan ofrecer la información, al término de la lectura tendrá usted sus respuestas.

EJERCICIO: Identifique la intención divina de su linaje

Parte A

1. Utilice la Oración de Apertura de la página 74 para acceder a sus Registros Akásicos. Después, haga las siguientes preguntas a sus Maestros, Profesores y Amados acerca de uno de sus linajes ancestrales:

   - ¿Quiénes son mis antepasados?
   - ¿Qué rasgos distintivos tiene este linaje ancestral?
   - ¿Cuál es la intención divina de este linaje? (¿Cuál es su propósito en el nivel del alma? ¿Cuáles son sus objetivos a corto y a largo plazo?)
   - ¿Cómo veis vosotros (mis Maestros, Profesores y Amados) a estos antepasados como grupo, moviéndose a través del tiempo y el espacio?

2. Utilice la Oración de Clausura de la página 75 para salir de sus Registros Akásicos. Si no ha estado usted tomando notas mientras recibía la información, escriba ahora todo lo que haya salido de la lectura que le resulte especialmente iluminador y que le gustaría recordar en un futuro.

Parte B

1. Utilice la oración de la página 74 para abrir sus Registros de nuevo. Después, formule las siguientes preguntas:

   - ¿Qué privilegios y responsabilidades tiene este linaje ancestral?
   - ¿Qué privilegios y responsabilidades tengo yo en este linaje?
   - ¿Qué responsabilidades ancestrales he asumido adecuadamente con este linaje, y por qué?
   - ¿Qué responsabilidades ancestrales no he asumido adecuadamente con este linaje, y por qué?
   - ¿Cómo puedo liberarme de las responsabilidades ancestrales que no me pertenecen (y que no debo asumir)?

2. Utilice la oración de la página 75 para cerrar sus Registros. Si no lo ha hecho ya, tome nota de cualquier información recibida en la lectura que le gustaría recordar en un futuro.

EJERCICIO: **Explore el espacio entre vidas**

Parte A

1. Utilice la oración de la página 74 para abrir sus Registros.

2. Pida a sus Maestros, Profesores y Amados que le den un «tour virtual» por el espacio que se extiende entre sus vidas. Este mundo recibe a veces el nombre de Zona de Elección, o de Dimensión de Elección, porque es en esta dimensión donde su alma elige entre distintas opciones para su siguiente encarnación. Explore esta dimensión durante un rato. ¿Qué aspecto tiene y que sensaciones le transmite? ¿Qué cosas suceden? ¿Quién o qué hay ahí?

3. Cuando tenga una sensación razonable de dónde se encuentra (y sabiendo que siempre podrá volver a este lugar y explorarlo en futuras lecturas), pida a sus Maestros, Profesores y Amados que le ayuden a inspeccionar la familia (el principal linaje ancestral) en la que se encuentra usted ahora. Y, después, hágales estas preguntas:

   - ¿Por qué me decanté por este linaje ancestral y no por otro?
   - ¿Qué puedo aprender u obtener de ellos?
   - ¿Cuál era mi intención cuando elegí a este grupo?
   - ¿He estado anteriormente con este grupo?
   - ¿De qué forma me ayuda este grupo a llevar a cabo los propósitos de mi alma?
   - ¿Hay alguien en concreto dentro del grupo que me esté ayudando? Y si es así, ¿cómo me está ayudando?
   - ¿Me podéis dar alguna orientación acerca de cómo puedo realizar mi intención en este punto de mi vida?

4. Utilice la oración de la página 75 para cerrar sus Registros. Si no lo ha hecho ya, anote cualquier información de su lectura que le gustaría recordar en un futuro.

Parte B

1. Utilice la oración de la página 74 para abrir sus Registros de nuevo. Pida a sus Maestros, Profesores y Amados que le lleven otra vez a la Dimensión de la Elección. Luego, hágales las siguientes preguntas acerca de la familia en la que está usted ahora:

   - ¿Qué significa para mí honrar a mis antepasados en esta vida?
   - ¿Cómo puedo acrecentar la grandeza de este linaje ancestral?
   - ¿Qué contribución o contribuciones estoy haciendo por el bien de los descendientes futuros de este linaje?
   - ¿Cómo puedo «alcanzar el futuro» y recurrir al poder de estos descendientes ahora?

2. Utilice la oración de la página 75 para cerrar sus Registros. Anote cualquier información de su lectura que le gustaría recordar en un futuro.

EJERCICIO: **Identifique y aclare las influencias ancestrales no deseadas sobre el presente**

1. Utilice la oración de la página 74 para abrir sus Registros.

2. Pida a sus Maestros, Profesores y Amados que le ayuden a ver algún patrón limitador que «heredó» usted de sus antepasados. Y, después, formule las siguientes preguntas:

   - ¿Dónde tuvo su inicio este patrón limitador? ¿Qué intención había originalmente tras él? ¿Qué ocurrió?
   - ¿Este patrón me sirve de algo a mí y favorece la probabilidad más alta de mi linaje ancestral?
   - Si este patrón ya no me sirve, ¿qué tengo que aportar para evolucionar más allá de él?
   - ¿Cuál de los linajes ancestrales de mis padres tiene la clave para que me libere de este patrón limitador?

3. Utilice la oración de la página 75 para cerrar sus Registros. Anote cualquier información de su lectura que le gustaría recordar en un futuro.

EJERCICIO: **Sanar un vínculo o lazo difícil**

1. Utilice la oración de la página 74 para abrir sus Registros.

2. Pida a sus Maestros, Profesores y Amados que le muestren a un miembro de su familia con el cual tiene una relación problemática. Luego, haga estas preguntas:

   - ¿Qué estamos trabajando él (o ella) y yo en este linaje ancestral?
   - ¿Cuál es la verdadera naturaleza del problema?
   - ¿Por qué me resulta tan difícil aceptar a esta persona tal como es?
   - ¿Qué ocurrió entre nosotros que nos mantiene en esta tensión?
   - ¿Qué estoy intentando aprender en el nivel del alma con esta situación?
   - ¿Cómo puedo aceptar a esta persona y hacer las paces con ella a fin de sanar la situación?
   - ¿Cuál es la probabilidad más elevada de esta situación?

3. Utilice la oración de la página 75 para cerrar sus Registros. Anote cualquier información de la lectura que le gustaría recordar en un futuro.

Capítulo 7

◆

CÓMO SANAR VIDAS PASADAS EN LOS REGISTROS AKÁSICOS

Ahora que ha explorado a sus antepasados para descubrir quién es usted hoy, el siguiente capítulo en la historia de su alma consiste en explorar algunas de sus vidas pasadas. Con ello, conseguirá comprender mejor quién es usted actualmente, además de proporcionarle otra vía de ayuda en la evolución de la conciencia de su alma.

Dado que el Akasha conserva un registro de *todas* nuestras vidas, y debido a que el tiempo y el espacio, tal como los conocemos, no existen en los Registros Akásicos, siempre podremos acceder a partir de ellos a la información referente a nuestros problemas y su origen. Dicho esto, no obstante, me gustaría dejar claro que los Registros no son algo así como El Gran Estanque de Pesca del Cielo. No podemos abrir simplemente nuestros Registros, lanzar el sedal y recoger información así como así de nuestras vidas pasadas. Los Señores de los Registros sólo permiten que los Maestros, Profesores y Amados compartan exclusivamente aquella información que estamos preparados para escuchar. Así pues, a menos que el problema que una persona presenta tuviera su origen en una vida diferente, esa persona no obtendrá información acerca de sus vidas pasadas durante una lectura akásica. Esto puede resultar frustrante para algunos de sus clientes, que pueden estar especialmente intrigados con la reencarnación. Pero aquellos que son plenamente conscientes de la temporización y la dependencia divinas comprenderán cuándo es apropiado y cuándo no recibir información referente a vidas pasadas en los Registros.

La sanación de vidas pasadas en los Registros se parece a la sanación energética en que sus lecturas seguirán diferentes niveles con el fin de ayudarle a:

- Explorar vidas pasadas que ha vivido su alma.
- Comprender y liberarse de patrones de conciencia que usted desarrolló durante otras vidas que ya no le son de utilidad en ésta.
- Sintonizar con las probabilidades más elevadas de su actual vida a fin de facilitar y acelerar la evolución de su alma en la conciencia de su Unidad con el Creador.

¿Qué son las vidas pasadas?

Desde un punto de vista akásico, todas las almas son eternas. Su alma ha estado reencarnándose a lo largo del tiempo para experimentar y expresar su divinidad en diversas circunstancias. Las vidas humanas que ha experimentado su alma antes de la actual encarnación se conocen como las vidas pasadas de su alma. (El tema de pasar de una forma humana a una forma animal a través del ciclo de reencarnaciones no aparece en los Registros Akásicos. Más bien, sólo vemos el viaje del alma en sus encarnaciones humanas. Y tampoco aparecen rastros en los Registros de una posible transición de un ser humano a un animal de compañía en una familia.)

Al comienzo de cada nueva vida, su alma parte para aprender determinadas lecciones y para alcanzar determinados objetivos. En algunos casos, su alma aprenderá una lección concreta en el plazo de una sola vida. Al término de esa vida, su alma se desprenderá de su cuerpo físico e integrará la sabiduría de esa lección en su conciencia. (En términos más familiares, es cuando el cuerpo muere, pero el espíritu sigue viviendo, más evolucionado si cabe gracias a los nuevos aprendizajes.)

«Les pregunté a mis Maestros, Profesores y Amados por qué me pasaba la vida yendo a clases para diferentes cosas (arte, fotografía, submarinismo, esquí, improvisación, locución, piano), pero nunca alcanzaba un alto nivel de competencia en ninguna de ellas. Siempre me había sentido mal conmigo misma por este comportamiento, dado que algunas de estas actividades me resultaban muy costosas y me consumían mucho tiempo. Pero la respuesta que obtuve en una lectura fue que yo había sido una bailarina rusa en una vida anterior, que me había pasado la vida disciplinándome exclusivamente en ese arte, por lo que ahora, en esta vida, tenía que intentar aprender cualquier cosa que se me ocurriera. Aquello tenía sentido, y me permitió sentirme mejor con este aspecto de mi vida. Creo que lo que el conocimiento proporciona es la capacidad para, como en todos esos instantes de iluminación repentina, comprender y dejar ir, comprender y dejar ir.

—*Barbara*

Sin embargo, hay veces en que necesitamos más de una vida para dominar determinada lección. En tales casos, lo que una vez fue una lección por aprender en el nivel humano se convierte en un bloqueo energético o problema que hay que despejar en el nivel del alma. He aquí lo que ocurre. Pongamos que su alma entra en una vida como «Katie», con el plan de trabajar en una lección de superación de prejuicios. Pero resulta que esta tarea es demasiado difícil y, a pesar de todos sus esfuerzos humanos, Katie llega al término de su vida sin haber dominado esta lección.

Como el ser humano conocido como Katie, su alma hizo muchos progresos en dirección a la superación de los prejuicios. Sin embargo, en esta lección en concreto, su alma tiene todavía mucho trabajo que hacer. Al final de su vida como Katie, su alma se desprende de su cuerpo físico, pero la energía de la lección no terminada sigue existiendo en la forma de un bloqueo en su conciencia del nivel del alma. Y, no teniendo otro lugar adonde ir, este bloqueo energético se acomoda en el cuerpo y la mente de la siguiente encarnación de su alma: «Malik».

A medida que Malik crece, algunas de sus creencias y de sus actos de prejuicio se ven directamente influenciados por los problemas no resueltos que Katie dejó atrás. Los padres de Malik se sienten desconcertados con su comportamiento. No pueden comprender cómo, a pesar de haber educado a todos sus hijos del mismo modo, Malik tiene unas ideas tan diferentes del resto de la familia. Lo cierto es que Malik no siempre llega a comprender por qué siente y actúa del modo en que lo hace. Hay algo muy profundo en su interior que nunca ha sido capaz de explicar.

En su vida como Katie, y ahora como Malik, a su alma se le ha permitido contemplar diferentes tipos de prejuicios a través de diferentes ojos con el fin de aprender a superar este problema. Si su alma consigue superar la lección

147

durante su vida como Malik, superará el problema y el bloqueo energético, integrará la sabiduría de la lección y seguirá adelante para aprender otras cosas. Sin embargo, si Malik no consigue superar la lección, quizás su alma decida volver como «Pierre» para intentarlo de nuevo.

Este proceso de aprendizaje se repetirá durante tantas vidas como sea necesario, para que su alma resuelva su problema e integre la lección. Después, una vez haya resuelto el problema, su alma será libre para continuar con el resto de su vida (o, dicho más precisamente, de sus vidas) sin verse afectada ya más por esta lección en concreto y por todos los problemas que trae consigo.

Conviene detenerse aquí para observar que es imposible, energéticamente hablando, que un alma vuelva atrás en su evolución. Puede dar la impresión de que determinada experiencia humana sea una regresión a patrones pasados de pensamiento y comportamiento, pero eso no significa que el alma se esté deslizando hacia atrás. Los comportamientos y las formas de ser constrictivos, limitadores e incómodos (la actividad criminal, las adicciones, la pobreza extrema y la violencia, por ejemplo) son todos senderos válidos que puede tomar un alma en su camino de aprendizaje del amor y de la aceptación de sí mismo. Existen oportunidades para tomar conciencia de la Presencia Divina, con independencia de cuáles sean las circunstancias. Así pues, no se deje engañar por las apariencias: no existe marcha atrás.

Comprender esta idea es como comprender el movimiento de un planeta «retrógrado». Los planetas no van hacia atrás, pero a veces ralentizan su velocidad en sus respectivas órbitas hasta tal punto que parecen ir hacia atrás, porque los cuerpos celestes que hay a su alrededor se siguen moviendo a la velocidad habitual. Al igual que los cuerpos celestes «retrógrados», en algunas vidas, nosotros, «cuerpos celestes» humanos, operamos a un ritmo más lento que el de la gente que nos rodea. O bien optamos por vivir un desafío particularmente difícil que exige toda nuestra concentración y nuestra atención, de tal modo que nuestros progresos parecen ser mínimos. Pero no se equivoque, en nuestro Universo sólo existe·el progreso, siempre en expansión, siempre en desarrollo, siempre en evolución. A veces, esa evolución es fácil de reconocer, y a veces es irreconocible.

¿Cómo tiene lugar la sanación de vidas pasadas en los Registros Akásicos?

La sanación de vidas pasadas en los Registros se parece a la sanación energética en que ambas formas de sanación siguen los mismos tres niveles de: relatar la historia, buscar las causas y las circunstancias, y reconocer la verdad del nivel del alma. Pero la sanación de vidas pasadas se diferencia en que, cuando usted busca las causas y las circunstancias de su problema durante el nivel 2, sus Maestros, Profesores y Amados le van a ayudar a encontrarse con la encarnación de una vida pasada (la persona) que usted fue en la vida en la cual se originó el problema. La encarnación de la vida pasada le explicará entonces cómo y por qué comenzó el problema, y cómo puede sanarlo ahora. Más tarde, cuando mire usted en el nivel del alma, en el nivel 3, se le dará la oportunidad de invitar a su encarnación de una vida pasada a integrarse en la conciencia de su alma, o bien a regresar a la Luz de los Registros.

Como podrá imaginar, se trata de un trabajo ciertamente profundo en los Registros, de modo que conviene que lo intente sólo cuando se sienta preparado para escuchar la información. Cuando *esté* preparado, puede utilizar el siguiente ejercicio para familiarizarse con el proceso de la sanación de vidas pasadas en los Registros. En función de sus experiencias durante el ejercicio, quizás necesite, o quizás no, avanzar personalmente a través de los tres niveles de la sanación. Sin embargo, para que aprenda el proceso, y para que sepa cómo utilizar todos los niveles consigo mismo y con otras personas en el futuro, convendrá que lea el ejercicio en su totalidad. Cuando utilice este ejercicio con otra persona, el proceso y los tres niveles serán idénticos, sólo que será usted quien dirija la lectura y facilite el proceso.

Ejercicio: **El trabajo en los Registros Akásicos para la sanación de vidas pasadas**

Nivel 1: Cuente su historia desde su propio punto de vista

1. Durante este nivel de sanación, trabajará en el nivel de su problema y de sus manifestaciones físicas. De modo que piense en un problema de su vida que no haya sido capaz aún de resolver.

Luego, utilice la oración de la página 74 para abrir sus Registros Akásicos.

2. Comience este nivel contándole su historia a sus Maestros, Profesores y Amados. (Hágalo por escrito o en voz alta, como le resulte más fácil.) Mientras describe el problema desde su perspectiva, incluya detalles como de qué modo y cuándo comenzó, quién o quiénes están involucrados, qué impacto ha tenido hasta el momento y qué complicaciones ha provocado.

3. Mientras habla o escribe, haga una pausa de vez en cuando y vea si está enjuiciando de un modo u otro. Si está enjuiciando, acuérdese de que, en este momento en concreto, usted no tiene un cuadro completo del problema. Luego, finalice su historia sin enjuiciar nada.

4. Cuando haya terminado de contar su historia es probable que sienta un cambio. Puede ser un suspiro de alivio, por cuanto relatar su problema sin enjuiciamientos le ha ayudado a sacárselo del pecho (literalmente, despeja de energías pesadas el espacio de su corazón) y le resulta un poco más fácil respirar. Por otra parte, está usted comenzando a verse a sí mismo y a su problema desde una perspectiva más amplia y compasiva.

5. Si el mero hecho de hablar de su problema fue cuanto hacía falta para despejar su bloqueo de energía, utilice la oración de la página 75 y cierre sus Registros Akásicos.

O bien:

Si todavía no tiene la sensación de que se haya resuelto el problema, mantenga abiertos sus Registros y pase al nivel 2.

Nivel 2: Pregunte por las causas y las circunstancias de la vida pasada

1. Comience esta parte de la lectura pidiéndoles a sus Maestros, Profesores y Amados que le ayuden a crear un pilar de Luz que le dé la oportunidad de encontrarse con su alma tal como era en una vida anterior. Este pilar de Luz hará el papel de una «sala de reuniones akásica». Usted se conectará con el pilar mediante un puente de

Luz que se extiende desde el centro de su corazón hasta el pilar, a unos 45 centímetros delante de usted. Sus Maestros, Profesores y Amados sostendrán este espacio mientras dure la lectura para mantener la separación entre la encarnación actual de su alma («usted») y la encarnación de la vida pasada. Esta separación le permitirá trabajar de forma cómoda y con claridad. Una vez se haya creado el pilar de Luz, sus Maestros, Profesores y Amados lo utilizarán como conducto a través del cual fluirá toda la energía, la información, las preguntas y las respuestas de la lectura.

2. Recuerde el problema que usted describió durante el nivel 1. Luego, pida a sus Maestros, Profesores y Amados que pongan en el pilar de Luz a la persona que usted fue en la vida durante la cual comenzó su problema.

3. En presencia de sus Maestros, Profesores y Amados, converse con la encarnación de su vida pasada. (Recuerde que sus Maestros, Profesores y Amados mantienen a esa persona en la Luz, y conservan el espacio para que usted haga este trabajo.) Si necesita ayuda para comenzar la conversación, podría preguntarle a esa persona su nombre. Después, podría formularle alguna de estas preguntas, o todas ellas, para averiguar más cosas acerca de su problema:

- ¿Qué ocurrió durante *tu* vida que provocó el problema que *yo* tengo ahora?
- ¿Cómo y por qué comenzó este problema para ti?
- ¿Qué es lo que se supone que tenías que aprender con ese problema?
- ¿Por qué te resultó tan difícil?
- ¿Por qué sigo teniendo dificultades con este problema en la vida actual?
- ¿Puedes decirme algo que me ayude a ver este problema de tal modo que pueda sanarlo?
- ¿Hay algo más que te gustaría que yo supiera?
- Sé que no puedo cambiar lo que ocurrió durante tu vida, pero ¿hay algo que pueda hacer ahora? ¿Necesitas algo?

4. Durante su conversación, no deje de preguntarse si la información que está recibiendo es práctica, útil y pertinente. Si no es así, pídale a la persona que se centre en el problema. Si lo es, continúe hasta que llegue ese instante de comprensión repentina que cambie su perspectiva y empiece a dirigirle hacia la sanación.

5. Después de experimentar ese cambio de perspectiva, quizás sienta que ha obtenido todo cuanto necesitaba y quizás se sienta preparado para cerrar sus Registros. Antes de pronunciar la Oración de Clausura, dele las gracias a sus Maestros, Profesores y Amados por ayudarle a explorar esta vida pasada con el fin de conocer las causas de su problema. Por otra parte, dele las gracias también a la persona que se puso ante usted desde su vida pasada para ayudarle en su sanación. Despídase de ella y, luego, cuente en voz alta: «Uno... dos... ¡TRES!». Después de decir «¡TRES!» dé una palmada con ambas manos. Con esto hará que la persona se vaya y dispersará la energía bloqueada que su alma ha estado portando debido al problema. Con la palmada dispersará también el pilar de Luz, así como el puente que le une a él.

6. Utilice la oración de la página 75 para cerrar sus Registros.

O bien:

Si tiene dificultades para quedar en paz con la persona que usted fue (o con lo que esa persona hizo) durante esa vida anterior, mantenga sus Registros abiertos y pase al nivel 3.

Nivel 3: Reconozca la verdad del nivel del alma

1. Recuerde que se halla aún en sus Registros, y que el pilar de Luz que crearon sus Maestros, Profesores y Amados al principio del nivel 2 sigue estando ahí. Ahora, pídales a sus Maestros, Profesores y Amados que le ayuden a cambiar su altitud de conciencia hasta que sea capaz de ver su encarnación de aquella vida pasada desde la perspectiva de los Registros Akásicos. Con independencia de lo que esa *persona* pareciera ser o hacer, pida ver su *verdadera esencia* a la Luz de los Registros. Pida reemplazar cualquier juicio sobre

ese ser humano por amor para su alma eterna, que es la de *usted*. Pida reemplazar la ilusión de estar separado de esa persona con el reconocimiento de su unidad. Pida no rechazar más esa parte de su alma para, a cambio, abrazarla compasivamente.

2. Si es necesario, hable un poco más con su encarnación de esa vida pasada. Pídale que le muestre lo mucho que se esforzó, y ámela por sus humanos esfuerzos. Abrace su chispa divina como la verdad de su esencia, y deje de rechazar su forma terrestre.

3. Después, pida a sus Maestros, Profesores y Amados que expandan el centro de su corazón para que pueda invitar a su encarnación anterior a entrar en su corazón. Deje espacio dentro de sí para esa expresión de usted mismo, y envuélvala en el abrazo de su corazón. Después, pregúntele a esa encarnación si le gustaría quedarse e integrarse en su conciencia del alma, o si preferiría irse y volver al pilar de Luz. Decida lo que decida, será lo mejor para que usted consiga la sanación, de modo que confíe en que su decisión será por el mayor bien de todos.

4. Si la encarnación de esa vida pasada decide integrarse, pida a sus Maestros, Profesores y Amados que le ayuden en el proceso. Si decide volver a la Luz, despídase de ella y déjela ir, mientras cuenta hasta tres y da una palmada. Cuando termine, la energía de su problema se habrá dispersado, y el pilar de Luz y su puente hasta él se habrán desvanecido también.

5. Utilice la oración de la página 75 para cerrar sus Registros.

Normalmente, la lectura de los tres niveles de la sanación de vidas pasadas será suficiente para desalojar la mayor parte de los problemas y despejar sus bloqueos energéticos. Pero, si tiene usted un problema especialmente dificultoso, puede entrar en sus Registros y repetir este proceso tantas veces como necesite, hasta que encuentre la claridad y la paz. Puede ocurrir también que tenga otras vidas pasadas que jueguen un papel importante en este mismo problema. Si fuera ése el caso, cuando llegue al nivel 2 pida que le muestren una vida diferente en la cual tuvo el mismo problema, y converse con otra de las encarnaciones de su alma para obtener su perspectiva. Como siempre, asegúrese de que la información que recibe es una información práctica, útil y pertinente. Si no es así, será libre en cualquier momento de terminar con la lectura contando hasta tres, dando una palmada y cerrando sus Registros Akásicos.

Lo que no conviene que olvide mientras hace este trabajo de sanación es que es usted la única autoridad en lo referente a determinar sus propias experiencias. Dicho de otro modo, es la única persona que puede saber si un problema se ha resuelto o precisa de más trabajo. También sabrá cuánto puede manejar en un momento dado, por lo que depende de usted el ritmo que le dé al trabajo. No hay ninguna necesidad de apresurarse en el proceso. En realidad, las prisas pueden tener un efecto negativo que complique aún más las cosas. Así pues, sea su propia autoridad espiritual. Tome la información que reciba de sus Maestros, Profesores y Amados y utilícela para determinar la mejor estrategia de sanación.

La exploración de vidas pasadas positivas en los Registros Akásicos

Aunque la exploración de vidas pasadas es sumamente útil para sanar los problemas existentes, hay veces en que la exploración de vidas pasadas puede darle apoyo en situaciones que son de por sí buenas. Por ejemplo, supongamos que le dan un cargo de dirección en el trabajo. Aunque quizás usted esté feliz por ese voto de confianza en sus capacidades y en su experiencia, puede que también esté un poco nervioso. La promoción a este nuevo cargo implica un montón de incógnitas. A usted le gustaría tener un mentor, alguien que «hubiera estado ahí y hubiera hecho eso» antes, que pudiera darle algunas indicaciones mientras comienza a navegar en su nuevo cargo. Pues bien, ¿adivine qué? Pues que usted *tiene* un mentor: ¡usted mismo! Es decir, es el «usted» que fue usted en una vida pasada, durante la cual fue un experto en la dirección de grupos. Todo cuanto tiene que hacer para recibir los consejos del experto de la vida pasada es entrar en sus Registros y preguntar por él.

Puede utilizar el siguiente ejercicio para explorar una vida pasada positiva en sus Registros. El proceso que seguirá es una versión simplificada del proceso que utilizó para las sanaciones de vidas pasadas. Si usted opta por explorar una vida pasada positiva mientras hace una lectura para otra persona, puede utilizar el proceso descrito abajo y reformular las preguntas cuando sea necesario.

EJERCICIO: La exploración de experiencias positivas en vidas pasadas

1. Piense en alguna situación acerca de la cual le gustaría obtener los conocimientos y los consejos de un «experto de una vida pasada». Luego, utilice la oración de la página 74 para abrir sus Registros Akásicos.

2. Pida a sus Maestros, Profesores y Amados que le ayuden a crear un pilar de Luz que le dé la oportunidad de encontrarse con su alma tal como fue en una vida anterior. Este pilar de Luz hará el papel de una «sala de reuniones akásica». Usted se conectará con el pilar mediante un puente de Luz que se extenderá desde el centro de su corazón hasta el pilar, a unos 45 centímetros delante de usted. Sus Maestros, Profesores y Amados sostendrán este espacio mientras dure la lectura para mantener la separación entre la encarnación actual de su alma («usted») y la encarnación de la vida pasada. Esta separación le permitirá trabajar de forma cómoda y con claridad. Una vez se haya creado el pilar de Luz, sus Maestros, Profesores y Amados lo utilizarán como conducto a través del cual fluirá toda la energía, la información, las preguntas y las respuestas de la lectura.

3. Recuerde el tema acerca del cual está buscando consejo. Luego, pida a sus Maestros, Profesores y Amados que pongan en el pilar de Luz a la persona que fue usted en una vida pasada que mejor pueda ayudarle con el tema en cuestión.

4. En presencia de sus Maestros, Profesores y Amados, converse con la encarnación de su vida pasada. (Recuerde que sus Maestros, Profesores y Amados mantienen a esa persona en la Luz, y conservan el espacio para que usted haga este trabajo.) Si necesita ayuda para comenzar la conversación, podría preguntarle a esa persona su

nombre. Después, podría formularle alguna de estas preguntas, o bien hacerle las preguntas que usted considere oportuno:

- ¿Qué ocurrió durante *tu* vida que te hizo tener éxito?
- ¿Qué cualidades posees que contribuyeron a tu éxito?
- Si alguna de estas cualidades está latente en mí, ¿cómo puedo cultivarla y utilizarla?
- ¿Existe algún escollo que me puedas ayudar a evitar?
- ¿Qué otro consejo o información pertinente te gustaría darme?
- Desde tu experta opinión, ¿qué puedo hacer para asegurarme el éxito en la tierra en un futuro?
- ¿De qué modo puede alcanzar mi alma el máximo crecimiento a partir de esta situación?

5. Durante su conversación, no deje de preguntarse si la información que está recibiendo es práctica, útil y pertinente. Si no es así, pídale a la persona que se centre en el tema. Si lo es, continúe hasta que llegue ese instante de comprensión repentina que cambie su perspectiva y le lleve a comprenderlo todo mejor.

6. Cuando tenga la sensación de que su conversación está tocando a su fin, puede hacer dos cosas:

- Puede invitar a su encarnación de una vida pasada a integrarse en su conciencia.

O bien:

- Puede darle las gracias por haberle ayudado en su aprendizaje y enviarla de vuelta a la Luz. Si ésta es su decisión, despídase de ella y cuente en voz alta: «Uno... dos... ¡TRES!». Después de decir « ¡TRES!» dé una palmada y deje que la persona se vaya.
- Utilice la oración de la página 75 para cerrar sus Registros.

Los ejercicios de vidas pasadas precedentes funcionan de la misma manera, tanto si está explorando sus propias vidas pasadas positivas como si está ayudando a otra persona a explorarlas. El resultado estará en función de la receptividad y del nivel de comprensión de la persona. Sin embargo, en todos los casos, como vimos con «Joe» en el capítulo sobre la sanación energética en los Registros, la sanación habrá comenzado ya en algún nivel, aunque no sea obvio directamente.

Como descubrirá después de trabajar durante un tiempo en sus Registros Akásicos, hay muchos métodos y vías de sanación por explorar. Dado que este libro es para el nivel de principiantes, le he presentado el método que creo puede proporcionarle los fundamentos más sólidos. Le puede servir a modo de un potente trampolín, que le permitirá lanzarse de cabeza en su viaje personal de sanación y crecimiento espiritual.

Capítulo 8

◆

LA VIDA CON LOS REGISTROS AKÁSICOS

Una de las cosas que he aprendido trabajando con los Registros Akásicos es que los Registros tienen su propia perspectiva, lo cual me proporciona una visión siempre en expansión del continuo desarrollo de la esencia de mi alma. Una vez me acostumbré a esa perspectiva, a esa altitud de conciencia, me di cuenta de que trabajar en los Registros era una oportunidad radical para verme a mí misma y ver íntegramente mi vida desde un ángulo bien diferente. También empecé a darme cuenta de algunas verdades básicas, verdades a las que yo llamo mis «Absolutos». Desde el punto de vista de los Registros, estas cosas son absolutamente ciertas para absolutamente todas las almas y absolutamente en todo momento y tiempo. Aunque las he numerado más abajo por una cuestión de claridad, tenga en cuenta que no están listadas en un orden concreto, dado que todos los Absolutos son «absolutamente» iguales en importancia.

Los «Absolutos»

1. **Siempre hay algo más que el ojo (humano) no ve.**
   Desde la perspectiva humana de una sola vida, ciertas personas y acontecimientos pueden parecer repugnantes, horribles, equivocados, incluso devastadores, como en el caso de desastres naturales como los huracanes, los tsunamis y los terremotos. Y, ciertamente, son horribles. Pero, desde la perspectiva eterna de los Registros Akásicos,

siempre hay algo más que el ojo no ve: razones que no comprendemos y beneficios últimos que no vemos. Aunque esto es cierto, los Maestros, Profesores y Amados jamás minimizan nuestro sufrimiento. En lugar de eso, ofrecen sugerencias para no sólo atravesar una situación difícil, sino también para comprender su valor kármico. Con su ayuda, podemos descubrir el sentido de nuestro sufrimiento, y podemos crecer a partir de él. Y, con el tiempo, desde una perspectiva del nivel del alma, podríamos llegar a ver que absolutamente todos los acontecimientos, y todas las personas implicadas, están poniendo su parte a la hora de proporcionar oportunidades de crecimiento, claridad, propósito y sanación. Podemos ver casos de este tipo por todas partes, a nuestro alrededor. Tras unas inundaciones en una ciudad, por ejemplo, que se llevan vidas humanas, que destruyen hogares y que paralizan las empresas, los habitantes de la ciudad se coordinan para ayudarse unos a otros en la reconstrucción, en tanto que los funcionarios se reúnen para encontrar maneras de mejorar las infraestructuras de la ciudad. O, como en otro ejemplo, un niño inocente muere asesinado entre el fuego cruzado de dos bandas rivales. Esto es algo que impacta profundamente a todo el vecindario. Sin embargo, tras llorar tan dolorosa pérdida, el vecindario se galvaniza: celebran vigilias de oración y reuniones cívicas, organizan grupos de vigilancia en el vecindario, y embellecen sus calles y parques. Y, con el tiempo, el vecindario se convierte en un lugar mejor donde vivir.

Así, a despecho del dolor y la pérdida inicial que algunas personas o acontecimientos pueden causar, los Registros Akásicos nos mostrarán que incluso las circunstancias más devastadoras ofrecen oportunidades para la transformación en las cuales emerge un propósito más grande, un propósito que nos ayuda a ver más allá de las necesidades individuales hasta la necesidad del todo unificado, para experimentar su bondad innata. Cuando vemos los acontecimientos de esta manera, podemos ver por qué parece que «las cosas malas les sucedan a las gentes buenas». En verdad, estos acontecimientos no son personales en modo alguno, y ninguna persona o cosa es «buena» o «mala». La perspectiva eterna niega lo bueno y lo malo. Esto significa que ninguna persona o grupo está señalada para el castigo, la venganza o la retribución kármica. (*Véase* el Absoluto número 6). Más bien, estas valientes almas y grupos de almas están soportando en realidad sus situaciones para elevar la conciencia del planeta.

2. **Todos somos Uno.**

   Todos los seres humanos existen dentro de la Unidad absoluta de Dios. No podemos escapar a lo que ya somos, ni podemos evitar nuestro viaje anímico hacia Dios. Dicho de otro modo, no existe tal cosa como estar fuera o desconectado de la Unidad. Sólo existe el estado de llegar a ser conscientes de nuestra existencia dentro del Todo. Así, desde una perspectiva akásica, todas las almas están en camino hacia el descubrimiento de que somos Uno, conectados por (y contenidos dentro de) la Luz amorosa de Dios.

3. **Todas las cosas y todos los seres son divinos.**

   No sólo somos todos Uno, sino que también nuestra esencia interior es puramente divina (aunque las apariencias terrestres parezcan decirnos lo contrario). Si estamos en los Registros Akásicos y buscamos el tiempo suficiente, encontraremos la esencia divina (ese punto de Luz y de bondad) dentro de absolutamente toda alma en existencia.

4. **Todo el mundo está siempre en una búsqueda activa de la paz.**

   Desde una perspectiva akásica, absolutamente todo el mundo quiere vivir en un estado de paz, y recorrerá grandes distancias con el fin de alcanzarla. Desde una perspectiva humana, los intentos de algunas personas por alcanzar la paz tienen poco o ningún sentido. Hitler, Stalin y otros muchos líderes en todo el mundo han estado tan comprometidos en sus propias mentes por asegurar su propia paz que terminaron destruyendo la paz de los demás. Aunque sus métodos parecen bastante dementes a los ojos de todo el mundo, estas almas estaban (y siguen estando), desde un punto de vista akásico, en su viaje hacia el despertar a su propia divinidad y hacia el reconocimiento de su conexión con la Unidad. Lo que ocurre es que hay almas a las que les cuesta más vidas descubrir los senderos compasivos hacia la paz. Pero esto no significa que estas personas no vayan a llegar ahí. Con el tiempo, todas las almas lo hacen.

5. **La reencarnación no trata de vidas «buenas» y vidas «malas».**

Como he podido llegar a comprender desde cierta altitud de conciencia, la reencarnación no trata de vidas «buenas» y vida «malas» (de una vida de crímenes frente a una vida de filantropía, por ejemplo). La reencarnación trata, más bien, del viaje que un alma en particular elige emprender con el fin de tomar conciencia de sí misma en el plano físico. Este viaje le permite al alma conocerse finalmente en su esencia divina, crecer en su conciencia de sí misma a lo largo de diferentes vidas y en diversos contextos.

Cuando un alma llega a conocerse a sí misma, se ve agraciada con múltiples oportunidades para aprender la compasión y el amor por sí misma, así como por las demás almas. Así, en su vida como «criminal», por ejemplo, esa alma tiene una oportunidad única y poderosa para disolver las falsas barreras que existen en su propia comprensión de su bondad. Puede llegar a comprender que la barrera está en la *percepción,* y que el comportamiento emerge de esa percepción. (En otras palabras, el modo en que ese alma *crea* conocerse a sí misma en esa vida determinará el modo en que elija actuar.) Pero cuanto más iluminada se hace un alma, más consciente se hace de la absoluta verdad de que es una expresión física de la Luz infinita, y que es libre para ser generosa y amorosa. Esta toma de conciencia puede tener lugar en una sola vida, como en el caso del endurecido criminal que «llega a ver la Luz», o puede tener lugar durante el transcurso de varias vidas. Sea como sea, está bien. Dado que el tiempo, tal como lo conocemos, no existe en los Registros, y dado que todas las almas son eternas, disponemos de todo el «tiempo», y de todas las vidas, que necesitemos.

6. **El karma no trata de recompensas y castigos.**

Habiendo aprendido que la reencarnación es el viaje de todas las almas hasta su bondad última y su Unidad, también he descubierto que el karma no tiene un aspecto punitivo. El karma es, más bien, una serie de relaciones de causa y efecto que nos ofrecen la oportunidad de descubrir qué resultados devienen de nuestras diferentes decisiones. En los Registros Akásicos, la base de toda evaluación se arraiga siempre en la compasión. Los Maestros, Profesores y Amados nunca juzgan nuestras acciones; simplemente nos ayudan a comprenderlas.

Saben que estamos en camino de convertirnos en lo que somos en potencia, y no se ceban con nosotros por el hecho de que no hayamos llegado a ese punto. Lo que hacen es revelarnos los factores motivadores que precedieron a nuestras acciones, y los resultados más probables que se deriven de ellas. Por tanto, depende de nosotros (siempre) la decisión de qué acción emprenderemos después. Y los resultados de esa acción son los que crean nuestro karma. No será algo bueno; no será algo malo. Simplemente, *será*.

Sin la noción del karma como recompensa o castigo, nos vemos así libres para vernos a nosotros mismos desde la aceptación y la comprensión. Así, desde el ventajoso punto de vista de los Registros, puedo decir con absoluta certeza que soy un ser humano que va tomando conciencia poco a poco de su bondad innata y de su divinidad innata. En este instante y en todo momento, soy completamente amorosa y total; simplemente es que no siempre recuerdo ese hecho. ¡Pero por Dios que estoy trabajando para ello! Y lo que veo cuando miro a través de los ojos de los Registros excluye cualquier necesidad de perdón, porque no existe condenación alguna. Lo único que hay es una exquisita historia de amor: la historia de la existencia de mi alma. Aunque el viaje ha estado lleno de luchas y de momentos terribles, ha sido bendecido también en igual medida con un amor y una riqueza indescriptibles. Y siempre, a lo largo del viaje, mientras sigo recibiendo atisbos de mi verdadero yo a los ojos de otras almas, me enamoro más y más de la Unidad que somos. ¡Cuán agradecida estoy de vivir en este momento, de ver el mundo desde esta altitud de conciencia! ¡Qué hermosos se nos ve a todos a la Luz de los Registros Akásicos!

Los tres *noes*

La versión taquigráfica de todo lo que acabo de decir es lo que yo denomino «Los tres *noes*»: No temas, no juzgues, no te resistas. Éstas son las directrices por las cuales nuestros Maestros, Profesores y Amados quieren que vivamos nuestra vida... si dependiera de ellos, claro.

Soy consciente de que estos tres noes pueden parecer una orden tajante. Pero recuerde que esta vida es un viaje. Tememos *menos* en nuestro camino hacia el No temas. Juzgamos *menos* en nuestro sendero hacia el No juzgues. Nos resistimos *menos* hasta que No nos resistimos. He aquí cómo funciona.

No temas

Después de trabajar durante un tiempo en los Registros Akásicos, empezamos a relajarnos porque podemos constatar que toda situación que haya podido darse se ha resuelto o será resuelta por el mayor bien de todos. Puede que no ocurra hoy mismo, puede que no ocurra ni siquiera en esta vida, pero todo problema termina trayendo consigo paz y bienestar. El juego de la vida no terminará en tanto nosotros, las almas, no alcancemos este objetivo compartido.

También podemos ver que hay una parte de nosotros que es indestructible, una parte que nada puede destruir, que vive para siempre. Vemos que hemos pasado por vidas de una terrible pobreza, de guerras, de desastres naturales, de crueldad humana, y que sin embargo seguimos intactos. La esencia de lo que somos permanece inmutable. Nada puede separarnos de la divinidad esencial que existe dentro de nosotros, y en la medida en que vamos tomando conciencia de que esto es real y verdadero, el miedo comienza a desvanecerse, hasta que ya no nos queda nada que temer.

No juzgues

Desde el punto de vista de los Registros, nos damos cuenta de que no somos los jueces del Universo, no somos los jueces de los demás, ¡y que ni siquiera somos jueces de nosotros mismos! ¡De verdad! Empezamos a ver a la gente, inclusive a nosotros mismos, como seres que crecen en su propia conciencia, que desarrollan su propia autoridad, y que toman decisiones en su propio nombre. Se nos hace meridianamente claro que el resto de personas son perfectamente capaces, y que podemos confiarles sus propias vidas y decisiones. No somos los «encargados» de nada ni estamos en posición alguna de autoridad sobre los demás como para juzgarles.

Evidentemente, seguimos tomando decisiones por nosotros mismos, pues es en lo único donde tenemos autoridad y poder. Y el resto de las personas también toma sus propias decisiones, aunque no estemos de acuerdo con ellas. Y cuando eso ocurre, lo único que podemos hacer es decidir si queremos participar con ellas o no. Sea como sea, lo único que podemos «juzgar» es lo que es más adecuado para nosotros.

No te resistas

Si no existe razón alguna para juzgar y no existe razón alguna para temer, entonces lo único que nos queda es no resistirnos a lo que nos hace sentirnos mal. Las causas de este malestar varían enormemente de persona a persona y de vida a vida. Hay personas que pueden sentirse mal por los conflictos en las relaciones, o incluso por un éxito desmesurado. Otras personas pueden sentirse mal con las humillaciones o la vergüenza. Sea cual sea el motivo, cuando nos resistimos y apartamos lo que nos hace sentirnos mal, comenzamos a construir un muro energético que sigue creciendo a nuestro alrededor hasta que la misma cosa a la que estamos resistiéndonos se convierte en la barrera que nos impide seguir adelante.

La resistencia es rechazo. Si yo me resisto a una parte de mí misma, estoy rechazando esa parte de mí misma. Si yo me resisto a una persona o a lo que esa persona está intentando darme, estoy rechazando a la persona entera o a una parte de ella. Si no me resisto, sino que dejo que las cosas sean como son, todo discurrirá por su mejor camino. Por ejemplo, si me resisto a mis sentimientos dolorosos acerca de algo, esos sentimientos crecerán a mi alrededor y dentro de mí, y me impedirán seguir avanzando. Sin embargo, si me dejo *ser* simplemente con mis sentimientos dolorosos, con el tiempo conseguiré desprenderme de ellos y dejar espacio para sentimientos diferentes.

«En enero de 2008, asistí a una clase independiente de estudios akásicos en la que se me pidió que entrara en mis Registros y eligiera algo que yo quisiera que se manifestara en mi vida. Una vez en mis Registros, supe que deseaba y que estaba preparada para que volviera a haber amor en mi vida. (Llevaba divorciada siete años.) Aquello me preocupaba un poco, pero decidí que sería el objetivo durante la clase.

»Unos cuantos días después, me encontré con alguien. Mientras me preparaba para la clase sobre el corazón, él me dijo que me amaba. Y cuando exploraba la clase sobre la mente, tuve una visión en la que me vi con él viviendo en un pequeño pueblo en las montañas. Antes siquiera de que tuviera ocasión de contarle mi visión, él me preguntó si quería irme de vacaciones con él a Carolina del Norte, ¡cerca de las montañas! Me dijo que quería regresar allí algún día, y que quería que yo conociera aquello.

»Pocos meses después, cuando terminé el curso, formalizamos la relación. Nos casamos un año más tarde.»

—Cindy

Es importante practicar los tres noes porque te proporciona la oportunidad de profundizar en los Registros. Hágalo a un ritmo que le resulte confortable. Dé los pasos de uno en uno, y aborde las situaciones de una en una, y pida ayuda cuando lo necesite. En la medida que aplique y emplee lo que se le ha dado, se le irá dando más. La idea estriba en crecer en la Luz infinita, no en sentirse abrumado por ella ni en dejarse cegar por ella.

Reflexiones finales sobre los Registros Akásicos: el pasado, el presente... y el futuro

Anteriormente expliqué que los Registros Akásicos contienen la historia de su alma a lo largo de sus distintas vidas, y que su encarnación actual tiene su propia y singular historia. Pero, ¿qué hay del futuro? Las posibilidades y las probabilidades de su futuro también se conservan en los Registros.

El significado más profundo y el valor más verdadero de los Registros se puede ver en el modo en que los usamos, como apoyo y guía, según nos adentramos en nuestro futuro. En la medida en que aplique esas directrices y que confíe en la energía de los Registros, su propio futuro tomará la forma de la vida que usted siempre ha deseado. No será exactamente igual a como usted la imaginó en un principio, pero la dirección general y la calidad de su vida estarán en correspondencia con las intenciones originales. Así, si usted ha estado deseando una vida de aventuras, tendrá una vida de aventuras. Si deseaba una vida de pasión, la pasión será suya. Cualquier cosa que hubiera estado buscando su alma la encontrará con el tiempo. Se adentrará poco a poco en su propio cielo personal en la tierra. ¿Acaso será una vida sin retos, obstáculos y estrés? Evidentemente, no. Será una vida humana, con sucesos físicos, actividades mentales y altibajos emocionales. Pero la vivirá desde un ámbito de gracia, de tal modo que, a medida que se vayan dando las circunstancias, usted, amigo mío y practicante akásico, descubrirá que es capaz de ser feliz, amable, respetuoso y generoso, incluso cuando las cosas no vayan como usted desearía. Cuanto más utilice los Registros, más capaz será de disfrutar de la vida que tiene. Una vida que, por otra parte, se irá transformando cada vez más en la vida que siempre deseó.

Otra cosa que quiero que sepa es que sus compañeros del alma y sus compañeros de viaje podrán encontrarle más fácilmente, debido a que la Luz brillará en usted más que nunca. Para usted será mucho más fácil reconocer a esas almas de mentalidad y espíritu similar; y pasarán maravillosos momentos juntos. Cuando se conozcan personalmente, será como el encuentro de unos amigos que hacía mucho tiempo que no se veían. ¿Y sabe qué? ¡Que ocurrirá así precisamente!

Quiero darle las gracias por responder al impulso interior que le instó a tomar este libro. Se trata de un paso valiente y hermoso, con el cual honró la llamada de su alma y le hizo poner los pies en el sendero. Sepa que nunca estará sola o solo, que nunca se perderá. Simplemente, abra sus Registros Akásicos y pida ayuda. Aunque sus Maestros, Profesores y Amados nunca se entrometen, siempre están dispuestos a ayudar. Si comparte usted los Registros con sus amigos, pueden ayudarse unos a otros de maneras remarcables y poderosas. En soledad, usted puede convertirse en una intensa Luz. Pero juntos, se convertirán en un punto focal de Luz vital y brillante.

Vivimos en unos tiempos fascinantes. Lo que diferencia nuestra época de todas las demás es la idea de que las personas somos ahora capaces de asumir la responsabilidad de nuestro propio entendimiento y de nuestra propia autoridad espiritual. Se trata de una noción liberadora para las personas, y es potencialmente peligrosa para el sistema establecido.

A lo largo de la historia, la humanidad ha evolucionado con la idea de que existe una autoridad por encima de ella. Durante siglos, hemos estado forcejeando con las ideas relativas a la autoridad, tanto la autoridad humana como la divina. Pero el movimiento por una participación responsable ha ido ganando impulso durante los últimos siglos, ejemplificado en las revoluciones políticas de los Estados Unidos (1776) y de Francia (1789).

En la actualidad, estamos yendo más allá de la era de la identidad nacional para adentrarnos en la era de la Unidad o de la aldea global, hecho que ha venido propiciado por la brillante y sofisticada tecnología que se ha puesto a nuestra disposición durante los últimos veinte años. En Estados Unidos, el grado de participación política es más grande que en ninguna otra época de nuestra historia, y es más inclusivo en cuanto a los diferentes segmentos de la población. Por una parte, estamos bamboleándonos al filo del desastre; por otra, disponemos del equilibrio necesario para lanzarnos a una era de posibilidades que están más allá de nuestros sueños más utópicos. Existe el acuerdo general de que las viejas ideas ya no funcionan, y de que todo nuestro planeta está padeciendo por causa de nuestro limitado sentido de conexión con la Tierra y de nuestro estrecho sentido de responsabilidad por su bienestar. Llevando como llevamos un rumbo de colisión con el desastre global en todas las áreas (la economía, la política, la atención sanitaria y la distribución de los recursos) no podemos permitirnos ya el lujo de ser egocéntricos. Tenemos que superar el miedo a pronunciarnos, por nosotros mismos y por los demás, frente a la codicia, y tenemos que terminar de asumir la idea de que somos nosotros quienes *marcamos la diferencia*, y que nadie más nos va a rescatar de tantos problemas como se nos acumulan. Sabemos que tenemos un papel que interpretar en el bienestar de nuestro mundo.

En el plano espiritual, hemos dependido de instituciones, organizaciones e incluso de nuestra propia mente para dotarnos de cierto sentido de poder, de ese poder que queríamos. Creíamos que, si podíamos solucionarlo todo y encontrar nuestro camino gracias a nuestras bien entrenadas mentes, podríamos acceder también al conducto de la vitalidad espiritual, que sabemos que existe. Pero esto no ha funcionado. *Pensar* en la espiritualidad no nos ha llevado adonde pretendíamos. Sí, hemos aprendido mucho, pero la ilusión de que podríamos acceder al poder espiritual a través de nuestra mente se ha venido abajo. Hemos seguido las reglas y los preceptos de las religiones, tanto de Oriente como de Occidente, y esto nos ha proporcionado un buen comienzo. Pero no nos han proporcionado el catalizador que esperábamos nos propulsaría hasta un acceso directo del poder espiritual. Terminó la era en la que bajábamos la cabeza y cerrábamos la boca; y ha pasado también ya el tiempo de esperar a alguien más fuerte, más bueno y más listo que se ocupe de todo. La esperanza en la llegada de un líder que tome el timón para sacarnos a todos del cenagal no será satisfecha. Tenemos claro que los viejos caminos no funcionan. Funcionaron bien hasta cierto punto, pero no pueden llevarnos hasta la experiencia del poder espiritual que podamos utilizar en nuestra vida cotidiana. Pero la alentadora noticia es que los Registros Akásicos *sí pueden*.

«Cuando accedí por vez primera a los Registros Akásicos, tuve una sensación de amor incondicional y de apoyo que no se parecía en nada a cuanto hubiera conocido antes. Tuve la certeza de que, si todo el mundo pudiera experimentar los Registros, el resultado sería la paz mundial. Me pregunté a mí misma, "¿Cómo podrían haber conflictos globales y desesperación si todo el mundo se sintiera así de bien?". Desde entonces, mi misión ha sido la de ayudar a anclar en el planeta el amor de los Registros.

»Los Registros me dejaron claro que, con el fin de tener éxito en mi misión, tenía que despejar primero mis propios juicios y opiniones negativas acerca de mí misma y de la vida. Se me animó a enfocarme más en lo que estaba bien en mí, en lugar de enfocarme en lo que percibía como erróneo. Dejé de compararme con los demás y aprendí a respetar y a honrar mi propia individualidad. Comencé a vivir mi vida consciente de mi propia magnificencia. Y es desde este ámbito desde donde sigo compartiendo la sabiduría y el apoyo que los Registros tienen para la humanidad.»

—*Christina*

La trascendencia del Proceso de la Oración del Sendero para Acceder al Corazón de los Registros Akásicos estriba en que es un medio espiritual dentro de una dimensión espiritual que contiene energía, poder y sabiduría. La Oración del Sendero nos introduce en el Corazón de esta dimensión de tal modo que la energía (el poder) y la información (la sabiduría) informan y utilizan al *corazón* al punto que éste puede dirigir a la mente y a la voluntad. La mente es maravillosa, pero no ha sido lo que esperábamos que sería para la humanidad: no dispone de la sensibilidad ni de la compasión que la gente de verdad necesita. El conocimiento es esencial, pero sin la guía del corazón está incompleto. La voluntad es crucial para manifestar y realizar las ideas de la mente. Pero, sin el corazón, la voluntad puede ser fría y despiadada; si el corazón no pone de su parte, la voluntad puede dar lugar a resultados que, en última instancia, son insatisfactorios.

En este punto de la historia de la evolución espiritual humana, ha llegado el momento en que los individuos tengan un acceso directo a los recursos espirituales. El Proceso de la Oración del Sendero proporciona un acceso directo al recurso espiritual de los Registros Akásicos, y este libro es la herramienta de entrenamiento que usted necesita para cultivar su propia relación con el poder espiritual. Se trata de una nueva idea, que está enraizada en la certeza de que ninguna persona es portadora del potencial divino para transformar nuestra vida por nosotros. Esta nueva idea es que cada uno de nosotros tiene la misma Luz en su interior, y que nadie puede hacer por nosotros la parte que nos corresponde a nosotros; que sólo yo puedo hacer mi parte, y sólo tú puedes hacer tu parte. No podemos seguir esperando a nadie fuera de nosotros que nos saque de nuestros dilemas y nos introduzca en el flujo de la fuerza vital espiritual, tanto a nivel personal como global.

Por primera vez en la historia de la humanidad, se está llamando a todas las personas para que despierten a una nueva y maravillosa oportunidad, y para que participen con lo mejor de sus capacidades. La participación viene ahora determinada por uno mismo, por una misma: Yo puedo tomar parte, si quiero. Nadie más decide por mí. La participación ya no se basa en el género, en la raza o en la clase. Asumir la responsabilidad y poner de nuestra parte es, simplemente, una decisión individual. Cada uno de nosotros puede ver lo que es necesario hacer y tiene en su interior la gracia para hacerlo. Dentro de mí tengo la capacidad y la energía necesarias para hacer la parte que a mí me corresponde. Pero no tengo la capacidad ni la energía para hacer su parte, la de usted. Del mismo modo, usted no tiene lo que se necesita para hacer mi parte, pero tiene exactamente lo que se necesita para hacer lo que usted hace mejor. Es éste un fabuloso sistema, y está directamente relacionado con el hecho de que los Registros Akásicos están a disposición de todo aquel o aquella que quiera acceder a ellos. En lo más profundo de cada ser humano hay una sensación clara y nítida de la esencia divina. Puede estar enterrada bajo todo tipo de problemas no resueltos y miedos; pero no lo dude, está ahí. Los Registros Akásicos ofrecen un camino para mantener una relación consciente y directa con la Presencia Divina en un formato íntimo y manejable. Los Registros se están abriendo para personas seglares como usted y como yo, que son la esperanza del futuro.

La humanidad ha estado pidiendo ayuda a gritos durante mucho tiempo. La ayuda se le dio primero a los líderes religiosos, y luego a los líderes políticos y económicos, así como a las organizaciones externas. Pero, en sus manos, esta ayuda todavía no ha propiciado un cambio global significativo. Y esto se debe a que el cambio global debe comenzar con los individuos, y debe llegar desde dentro. La transmisión y la activación del cambio global comienza cuando un alma reconoce la Luz Divina en otra alma. Por todo el planeta, de alma en alma, han comenzado a formarse «bolsas» de puntos de Luz individuales. A medida que estas bolsas de Luz sigan reconociéndose entre sí, formarán un «manto» de Luz que, con el tiempo, convergirá y cubrirá todo el planeta, irradiando lo mejor de lo que somos y magnetizando lo mejor de la gente que hay a nuestro alrededor. Este encuentro de Luz con Luz transformará nuestra realidad.

Este movimiento de conciencia espiritual interior está ya en camino, y continuará hasta que todas y cada una de las personas sean vistas en la verdad de quiénes son. A medida que esta Luz se difunda, formará una capa de conciencia-Luz de buena voluntad, paz y armonía, que sustentará todos nuestros esfuerzos humanos por hacer que la vida opere en todos los aspectos, para todos, incluyendo a todos.

Usted, querido lector, se ha sentido atraído por este libro por un impulso interior. No es por casualidad que lo tenga ahora entre sus manos. Hay algo ya activo dentro de usted que le ha traído hasta este movimiento. Los Señores de los Registros le están llamando para que comience la transformación que usted busca. Sus Maestros, Profesores y Amados están esperando para proporcionarle todo el respaldo energético y la sabiduría que necesita para tomar conciencia de su increíble potencial. Ha llegado su momento, y es justo ahora.

Estamos en una generación de transición. Nuestros padres no sabían nada de la responsabilidad personal, tal como nosotros la conocemos ahora, y ni siquiera consideraron la posibilidad de poder disponer de un acceso directo a su propia autoridad espiritual; bueno, algunos lo hicieron, pero su generación, en su conjunto, no lo hizo. Los Registros Akásicos no estuvieron a disposición general hasta ahora porque se necesitaba de un desarrollo suficiente de la conciencia general de las masas para poder manejar este recurso. Pero las circunstancias han cambiado. Hemos visto una explosión en meditación, en el trabajo de conexión entre la mente y el corazón, en la sanación personal y en la sanación a través de la Luz para nosotros mismos y para los demás. Todas estas prácticas han hecho madurar suficientemente a las masas como para poder utilizar del mejor modo los Registros Akásicos en nuestro crecimiento personal y en la sanación global. Quizás nuestros hijos no necesiten una herramienta como ésta. Quizás den por sentado y supongan que están capacitados para recibir inspiración y apoyo de aquel recurso espiritual de su elección. Nosotros somos la generación que necesita de entrenamiento y preparación. Nosotros somos el Puente de Luz. A medida que construimos este puente con el Proceso de la Oración del Sendero, hacemos las cosas más fáciles para aquellos que vienen detrás de nosotros. Para nuestros descendientes será lo más natural del mundo el hecho de estar en contacto directo y consciente con su divinidad interior y con su correspondiente expresión en el Universo.

Y así, amigos míos, no puedo más que darles las gracias por haberse adentrado en su sendero, junto con otras muchas personas que se han comprometido a caminar en la Luz de la verdad, la Luz de la paz, la Luz del poder, la Luz del amor. Permanecemos juntos, hombro con hombro, avanzando en nuestras vidas ordinarias con una perspectiva extraordinaria. Ustedes son un punto de Luz dentro de la Luz asombrosa e infinita que impregna toda vida y toda alma en el Universo. Quiero que sepan que *yo* sé que hay una Luz que sólo ustedes pueden encender. Sé que su Luz es única y crucial para la iluminación de la humanidad. Juntas, nuestras Luces brillarán e iluminarán el sendero de todos aquellos que decidan unirse a nosotros. Usted sabrá cuándo habrá llegado su momento; y cuando llegue ese momento, usted pondrá los pies en el sendero. Y juntos haremos lo que jamás podríamos haber hecho solos.

Mucho amor y muchas bendiciones.
Linda Howe